2020年度浙江省哲学社会科学规划课题(乡
平感知测度模型、影响效应及时空差异研究,20NDJC349YBM)
阶段性研究成果

海岛目的地居民旅游支持态度的影响机理研究

朱岚涛 著

ZHEJIANG UNIVERSITY PRESS
浙江大学出版社

图书在版编目(CIP)数据

海岛目的地居民旅游支持态度的影响机理研究 / 朱
岚涛著. —杭州:浙江大学出版社,2020.5
　　ISBN 978-7-308-20271-8

　　Ⅰ.①海…　Ⅱ.①朱…　Ⅲ.①岛—旅游业发展—研究
—舟山　Ⅳ.①F592.755.3

　　中国版本图书馆 CIP 数据核字(2020)第 098518 号

海岛目的地居民旅游支持态度的影响机理研究
朱岚涛　著

责任编辑　石国华
责任校对　高士吟　汪　潇
封面设计　周　灵
出版发行　浙江大学出版社
　　　　　(杭州市天目山路 148 号　邮政编码 310007)
　　　　　(网址:http://www.zjupress.com)
排　　版　杭州星云光电图文制作有限公司
印　　刷　虎彩印艺股份有限公司
开　　本　710mm×1000mm　1/16
印　　张　12.75
字　　数　220 千
版 印 次　2020 年 5 月第 1 版　2020 年 5 月第 1 次印刷
书　　号　ISBN 978-7-308-20271-8
定　　价　48.00 元

浙江大学出版社市场运营中心联系方式:0571-88925591;http://zjdxcbs.tmall.com

前　言

海岛社区居民的旅游支持态度对海岛旅游可持续发展至关重要，而居民支持态度受社区旅游增权、公平感知、社会资本等多方面因素的影响。本书以增权理论、公平理论、社会资本理论为基础，围绕"旅游增权对居民公平感知及支持态度的影响"这一核心命题，以舟山海岛旅游社区为例开展系统研究，深入探讨旅游增权对居民支持旅游态度和公平感知的影响及影响路径差异、居民公平感知对居民支持旅游态度的影响及中介作用、社会资本在旅游增权对居民支持态度及公平感知影响过程中的调节效应等关键性问题。

本书采用定性与定量相结合的研究方法，以定性研究为辅，以定量研究为主。通过访谈、观察等定性方法收集第一手资料，借助社会网络语义及扎根理论分析方法，对访谈数据进行整理，并结合相关历史文献构建理论模型。通过问卷调查方式对研究变量进行测量，借助 SPSS、SEM 等分析工具，分析旅游增权对居民公平感知、旅游支持态度的影响关系。

本书按照"提出问题—理论构建—设计问题—分析问题—解决问题"的逻辑流程展开。基于现实观察与理论考虑提出"旅游增权对居民公平感知及支持态度的影响"这一研究问题，在综述国内外相关文献的基础上，并结合访谈构建"旅游增权对居民公平感知及支持态度的影响模型"。通过问卷抽样调查收集数据，借助 SPSS 分析工具检验样本质量，基于探索性分析提炼研究构面的维度，借助 SEM 分析工具，在测量模型验证性分析的基础上，检验结构方程模型以及理论假设。

本书构建了"旅游增权—公平感知—支持态度模型"，并验证了其适应性。得出如下结论：

（1）旅游增权是一个四维框架，旅游增权维度相互关联、相互影响。旅游增权在纵向上具有阶梯性，在横向上具有交叉性。东部海岛社区居民经济增权与心理增权感知最为明显，政治增权与社会增权严重缺失，东部海岛社区仍处在一个以经济增权为主，向着社会增权和心理增权中级阶段跨越的过程。

（2）旅游增权四个维度对居民支持态度的影响存在显著性差异。物质利益交换直接促使了居民对发展旅游的支持；居民心理要求得到满足是居民支持旅游发展的心理因素；居民决策主体地位缺失，导致了政治增权的影响不显著；海岛旅游"绅士化"进程，打破了原有的社会网络结构，使居民的社会增权感严重缺失。

（3）公平感知包括分配、程序、互动公平三个维度，其本质上是一种利益与资源交换。公平的核心内涵在于权利与利益的再分配，居民政治权利增加，必然会促进社区公平结果改善。公平感知在经济增权对居民支持态度之间具有的中介作用说明海岛居民尤其看重眼前利益分配的公平。

（4）社会资本具有积极的正向调节作用。高的正式与非正式社会资本有助于驱动海岛旅游的快速发展，而低的社会资本在一定程度上限制了居民参与旅游的权利与能力。提高社区居民自我增权能力，搭建利益诉求平台，构建"五位一体"新型社区治理模式，完善公平的利益分配机制，重视社会资本调节与促进作用等策略可以在一定程度上提高居民的旅游支持态度，促进海岛社区旅游可持续发展。

目　录

第1章 绪 论

1.1 研究背景与问题提出

1.1.1 研究背景

1. 海岛旅游是海洋经济发展的核心引擎

海洋是人类的第二生存空间(毕超,2002)。海岛旅游是发展海洋经济与海洋产业的重要组成部分,在中国海洋经济强国建设的大背景下,海岛旅游逐渐成为国家和社会关注的热点。2013年,国家旅游局确定"中国海洋旅游年",提出不断开发邮轮游艇、滨海休闲度假、海岛观光等旅游新产品、新业态。浙江舟山群岛是浙江海洋经济综合改革试验区,是浙江实施海洋强省战略的核心区域。随着舟山"国际海岛旅游大会"的举办,海岛旅游已经成为舟山区域经济发展的核心引擎。基于海岛旅游的广泛参与性和带动性,研究居民对旅游发展的公平感知以及支持态度对于更好地促进舟山海岛旅游的可持续发展具有重要的现实意义和理论价值。

2. 旅游增权是海岛社区参与的关键路径

由于海岛旅游地环境的脆弱性、经济结构的单一性等特征,旅游在促进海岛目的地经济发展的同时,也会带来诸如环境污染、土地征收、利益分配不均、利益主体冲突等现实问题。在旅游发展中,因分配不公而引发的当地居民与政府或开发商在权利和权益分配机制上的交锋和碰撞,已成为我国旅游发展面临的最大制约和诱发一些社会矛盾和冲突的根源(马东艳,2015)。因此,从社区增权的角度来审视海岛旅游发展,通过旅游为社区增权是实现社区与旅游同步持续发展的有效路径。

3. 旅游公平是海岛旅游发展的价值取向

公平是可持续发展的三大原则之一。世界环境与发展委员会在《我们共同的未来》中提出"可持续发展是一种机会、利益均等的发展",机会和利益均等即公平,它包括本代人之间的公平、代际公平和资源分配与利用的公平(世界环境与发展委员会,1997)。党的十八大报告提出:要逐步建立以权利公平、机会公平、规则公平为主要内容的社会公平保障体系,努力营造公平的社会环境,保证人民平等参与、平等发展的权利(胡锦涛,2012)。随着我国旅游业的深度发展,旅游公平问题日益受到关注,相对公平、普遍惠众逐渐成为旅游发展的总体目标和价值取向。

4. 社会资本是旅游社区治理的重要方式

一个国家或地区的社会资本水平高低与其经济增长速度之间存在着明显的正相关关系(邹宜斌,2005)。社会资本的创造和培育对社区内部人际关系的整合、社区发育以及社区治理绩效的提高具有积极的作用,能够有效地解决个人利益与社区整体利益的矛盾,对于社区集体行动的达成和社区治理具有重要的意义(马泓芸,2009;向德平等,2014)。社区社会资本的发展使得社区成为培育基本的社会信任甚至是培养公民精神的重要场所(孙立平,2001)。社会资本培育和发展为旅游社区治理开启了一个新的视角。

社区是目的地旅游可持续发展不可缺失的组成部分。从旅游发展实践来看,居民虽然参与了旅游,但是未必有权利增加,即使旅游增加了居民的权利,实现了旅游增权,但是由于权利的分布不均衡与不平等,居民未必感知到公平,而这种感知影响着居民的态度和行为,这是一个逻辑递进的关系。旅游发展与社区发展的影响是一个互动的过程,旅游发展促进社区发展,而社区的社会、政治、经济、文化的改变也影响着社区旅游进程,在这一影响过程中社会资本的调节作用不容忽视。

1.1.2 问题提出

综观已有研究,大多数学者均倾向于从居民正面与负面的影响感知、社会变迁、生态环境评价、海岛安全等角度来研究海岛旅游发展,而鲜有从增权与公平的角度系统地研究海岛社区旅游发展。从现实实践来看,存在着一种基本常识和理论认知:旅游增权是实现居民旅游公平感知的基础,而居民公平感知影响着居民对旅游的支持态度,在这一影响过程中社会资本的影响作用是存在的。

本书一直在思考海岛社区旅游方面的几个关键性问题:在现实实践中旅游增权是否对居民公平感知产生影响? 不同的海岛社区居民旅游增权感知是否具有差异性? 哪种增权影响居民公平感知与居民支持态度的效果显著? 居民公平感知是否影响居民支持态度与行为? 社会资本在影响过程中是否具有调节作用? 社会资本为什么具有调节作用? 基于以上问题的思考,本书以增权理论、公平理论、社会资本理论为基础,围绕"旅游增权对居民公平感知及支持态度的影响"这一核心命题,以舟山海岛旅游社区为对象展开系统研究。

本书选择舟山海岛作为研究对象,主要出于 4 个方面的考虑。

舟山旅游现象的典型性。舟山是国内比较著名的海岛旅游胜地,2016 年舟山市接待国内外游客共 4610.61 万人次,其中国际游客 33.92 万人次;全年实现旅游总收入 661.62 亿元(舟山市统计局,2017-03-22)。笔者在宁波工作,基于研究地域便利性,优先考虑研究宁波以及周边地区具有代表性或特殊性的旅游资源或旅游社会现象。在经过舟山普陀山几次旅游体验之后,深感舟山海岛旅游对社会文化的影响之大,认为舟山海岛社区旅游增权、公平感知和社会资本之间的影响关系是具有代表性的旅游社会现象,因而萌发了对其进行研究的念想。舟山三大海岛旅游涉及面广,当地居民参与从事海岛农家乐、民宿以及旅游接待的人数较多,居民参与的程度相对较深,因此对"黄金三岛"进行重点研究具有典型性。

海岛旅游影响的敏感性。由于舟山是一个海岛旅游目的地,基本与陆地隔离,海岛生态系统和社会文化系统对旅游的影响具有较强的敏感性,居民对旅游的影响以及态度具有明显的赞成或反对的价值取向。

海岛社区旅游研究的稀缺性。舟山是国内外海岛社区旅游研究关注的焦点地区。海岛旅游是舟山经济发展的支柱产业,随着舟山自贸区的推进以及舟山"国际海岛旅游大会"的举办,舟山海岛社区旅游也将是学术研究的热点。根据笔者对海岛旅游文献的检索,目前国内外关于海岛社区旅游的研究多集中于海岛旅游的影响以及社会文化变迁、海岛环境与生态安全、海岛旅游发展模式等,而从社会资本、公平、增权理论视角探讨三者之间影响关系的研究较为缺乏,基本处于空白状态。

海岛社区旅游的复杂性。普陀山、朱家尖和桃花岛是舟山群岛旅游发展中的"黄金三岛",游客接待量占据舟山游客数量的"半壁江山",2016 年普陀山景区接待游客 749.69 万人次,朱家尖景区接待游客 647.96 万人次,桃花岛景区接待游客 253.93 万人次(舟山统计信息网,2017-03-22)。旅游发展将近 30 年,旅游已经成为舟山经济社会发展的支柱产业,尤其是在普陀山和朱家尖两个海岛,当地居民广泛地参与旅游经济与管理。但是随着旅游的发展,舟山"黄金三岛"普陀山、朱家尖、桃花岛的经济结构、社会结构、文化结构发生了深刻变化,诸如海岛居民的外迁、异地居民的迁入、住房用地紧张、旅游市场秩序混乱、旅游经营管理不规范与不公平、男女在海岛享受住房权利不平等、旅游门票收入不透明、支出不公开等问题非常明显,利益分配的不公、社区居民权利的不对等、社区居民与外地居民之间关系紧张等问题已经影响着舟山海岛社区旅游的可持续发展。因此,研究海岛社区居民的旅游增权、公平感知与居民旅游支持态度,可以更好地了解居民的增权与公平感知的状态以及支持态度。

1.2 研究问题与研究意义

1.2.1 研究问题

基于上述研究问题,本书提出如下问题:

(1)从社区旅游增权理论角度出发,在旅游增权研究框架的基础上,探讨社区旅游增权对居民公平感知、居民旅游支持态度的影响关系以及影响路径差异。

(2)以组织公平理论为基础,以组织公平 3 个维度为依据,构建理论模型,探讨居民公平感知对居民支持态度的影响关系。

(3)基于结构方程模型的定量研究方法,构建"旅游增权对居民公平感知及支持态度的影响关系模型",并验证模型的可行性与适应性。

(4)分析居民公平感知在社区旅游增权对居民旅游支持态度影响之间的中介效应,以及存在中介效应的原因。

(5)以社会资本理论为基础,了解社会资本在社区旅游增权对居民公平感知影响之间的调节效应,并深入分析社会资本的调节作用机理。

1.2.2　研究意义

本书以"旅游增权对居民公平感知及支持态度的影响关系模型"的构建为核心命题展开研究,具有重要的理论意义和现实意义。

1. 理论意义

目前,国内有关旅游增权、居民公平感知和社会资本之间影响关系的研究较少,且大多局限于探索性和描述性研究。本书运用定量研究方法,借助结构方程模型对社区旅游增权、居民公平感知、社区社会资本进行定量测量和评价,推进旅游增权、公平感知、社区社会资本理论在旅游研究中的应用与深化。本书从公平和社会资本的视角,研究社区居民旅游支持态度的影响因素,并检验社会资本的调节效应,为居民支持态度的研究提供新思路和新视角。

2. 现实意义

社区旅游增权和社区旅游公平是新时代背景下海岛旅游可持续发展的客观要求,分析社区增权现状以及对居民公平感知的影响可以为海岛社区增权路径以及增权的价值取向提供思路与经验借鉴,为解决社区与政府、社区与企业、社区与游客、社区与社区之间的矛盾提供决策性建议,为海岛社区治理提供新的视角和方案。居民权利的增加、社会资本的矛盾调和以及公平的利益分配机制构建,可以有效推进海岛社区旅游健康可持续发展。

1.3　研究对象与技术路线

1.3.1　研究对象

本书的研究对象可以从三个层面来讲:

(1)从区域空间层面而言,本书重点研究舟山海岛目的地中旅游发展较为成熟、具有代表性的三个岛屿普陀山、朱家尖与桃花岛。

(2)从人的主体角度而言,在海岛目标区域范围内重点研究旅游社区中具有典型心理感知、情感情绪特征、明显态度行为倾向和主观能动性的海岛居民。即重点研究三大海岛社区居民旅游增权感知、公平感知、社会资本以及旅游支持态度,并根据这些方面的研究,了解旅游对海岛社会、经济、文化等方面的影响。

(3)从物的主体角度而言,本书重点研究社区旅游增权、居民公平感知、社区社会资本、居民支持态度等对象。具体而言就是探讨居民旅游影响的心理感知、居民行为态度、社区社会网络三者之间的关系及作用路径。从旅游增权、公平感知和社会资本角度探讨社区旅游发展中社区居民参与的相关规律,为社区发展提炼一些具有一定普适性和可借鉴性的模型或者模式。

1.3.2　技术路线

本书的研究技术路线如图 1.1 所示。

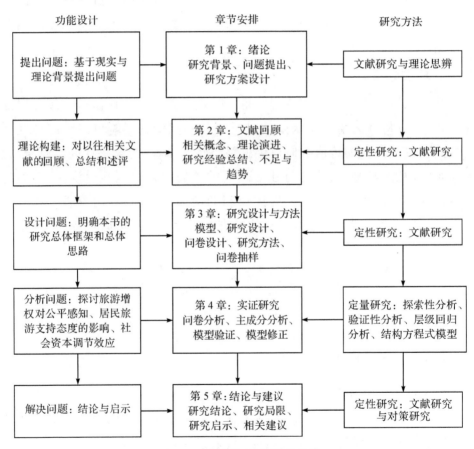

图 1.1　本书的研究技术路线

1.4　关键术语的定义

1.4.1　增权

增权是一种理论和实践、一个目标或心理状态、一个发展过程、一种介入方式。增权并不是"赋予"人们权力,而是要挖掘或激发人们的潜能(陈树强,2004)。

1.4.2　旅游增权

社区增权的本质是实现利益相关者之间权力交换的过程,通过赋予社区居民一定权力,保证其在旅游经营和管理中的主体性(Sofield,2003)。

1.4.3　公平

公平包括分配公平、程序公平、互动公平。分配公平称为结果公平,指的是人们对决策结果公平的感受。程序公平是指人们对决策程序与过程公平的感受。互动公平指的是人际交往的公平性,强调的是程序实施过程中实施方式的重要性。

1.4.4　居民公平感知

旅游地居民公平感知是指旅游发展过程中,居民所获得的收入、地位、声望与其他人比较或者与自己过去比较而获得的一种主观评价。

1.4.5　社区社会资本

社区社会资本包括社区网络、社区信任、社区规范等,是解决社区集体行动困境的有效路径。

1.4.6　居民支持态度

居民旅游支持态度是旅游地居民对旅游经济、社会文化、环境影响感知上的一种积极评价和反应倾向。

1.5 研究贡献

本书通过实地访谈、问卷抽样调研,呈现以下几个方面的积极贡献:

(1)基于旅游增权理论、公平理论和社会资本理论,利用 SEM 等分析工具,构建了旅游增权对居民公平感知、旅游支持态度的影响模型,并验证了模型的可行性。

(2)在前人研究成果的基础上,引入社会资本理论,进一步探讨了社区社会资本在旅游增权与公平感知及居民支持态度影响关系之间的调节效应,深入分析了不同社会资本状态下的调节作用。

(3)验证了社区旅游增权 4 个维度的适应性,社区居民公平感知 3 个维度的适应性。

(4)以舟山为例,研究海岛社区旅游增权、居民公平感知、旅游社区社会资本相互作用关系,进一步丰富了海岛旅游研究内容,为促进舟山海岛目的地旅游发展公平提供了积极的思维借鉴。

第 2 章　文献回顾

社区是社会发展的基础,社区旅游是旅游目的地建设中必不可少的要素。本章将对海岛社区旅游、社区旅游增权、居民公平感知、社区社会资本、社区居民旅游支持态度等方面进行系统综述。

2.1　海岛社区旅游研究

根据国内外相关文献,海岛旅游是旅游研究的热点领域。目前关于海岛旅游的研究主要集中在海岛生态环境、海岛旅游可持续、海岛旅游安全、海岛社区旅游等方面。其中海岛社区旅游的研究主要涉及海岛居民旅游影响感知、海岛社会文化变迁、海岛社区参与与增权等方面。

2.1.1　海岛旅游的重要性与特殊性研究

随着海洋渔业资源的衰退,海岛旅游已成为许多海岛的支柱产业(汪运波等,2014),海岛旅游是海岛经济的一个重要组成部分,显示出良好的市场前景和蓬勃的发展生机(Hernándezmartín,2008)。在旅游业得到合理开发和良好管理的前提下,旅游业更有利于海岛的可持续发展(Schittone,2001)。作为人地关系矛盾最为尖锐的地域系统,海岛地区的可持续发展体现为经济脆弱性、环境脆弱性和社会脆弱性的相互交织状态(孙兆明等,2010)。因此,海岛地理位置的特殊性、旅游资源的区域性、生态系统的脆弱性等条件制约着海岛旅游的可持续发展(薛纪萍等,2008)。海岛的社会生态过程与旅游业发展的相互作用,当地政府部门领导居民进行参与式管理,对推动海岛旅游业发展有着十分重要的作用(Pongponrat et al.,2011)。海岛旅游的可持续发展需要从利益相关者的要求出发建立"企业＋政府＋社区＋居民"式的投融资机制和利益分配机制,因为利益相关者对实现海岛目的地的可持续发展实践具有重要影响,利益相关者(政府、工业界、非政府组织、地方社区)可以共同参与海岛旅游业,实现可持续性发展(Dodds et al.,2010)。所以,人地关系协调是实现海岛旅游可持续发展的实质(徐福英等,2014)。

2.1.2　海岛居民旅游影响感知研究

Ap(1990)较早关注了居民对旅游的社会影响感知;Nunkoo 与Ramkissoon(2010)通过考察当地居民对旅游的态度发现旅游业的积极影响得到了居民的认可;Mohamad 等(2015)和陈金华等(2007)研究了旅游对环境的影响,发现海岛居民非常关注旅游对生态环境的影响。从跨文化角度而言,东道主与客人之间的交流以及文化差异对海岛的可持续旅游发展有着潜在影响(Ismail et al.,2011)。文化重组调整与旅游业发展影响着海岛居民的社区身份(Bożetka,2013;Macleod,2013)。旅游住宿业作为城市化的主要载体,促进了海岛城市旅游的发展与变化(Pons et al.,2014),旅游开发与当地社会文化变迁有着直接关系(林炜铃等,2014;彭静,2012)。从海岛居民的影响感知来看,国内外研究更多注重环境的影响与社会文化的影响,而关于心理影响方面的探讨较少。

2.1.3　海岛社区旅游参与研究

海岛社区不同于传统陆地社区,受经济基础、旅游资源、旅游业发展情况、教育水平、地理环境等客观条件所限,社区中居民的参与意识、家庭收入、经济效益、景区与居民的关系等因素,均会不同程度地影响其参与旅游的效果(刘阳等,2012)。海岛旅游可持续发展的政策与规划制定过程,社会参与和协商尤为必要(Moyle et al.,2010)。作为旅游社区参与的方式,旅游业职业培训可以促进旅游扶贫,提高人力资源的质量(Rijanta,2016)。

王凤维(2012)把社区参与的发展方式引入海岛旅游发展,探讨海岛社区参与旅游发展的模式。陈娟等(2012)以青岛市海岛社区的实地调查为基础,从"权利关系"角度考察分析了海岛社区参与旅游的现状及存在的问题。钟金凤(2013)以广东省湛江市特呈岛的旅游开发为对象,分析了海岛旅游开发中的社区参与状况和社区增权现状。陈韵(2015)和张河清等(2017)在社区增权理论的指导下,构建了滨海旅游社区增权评价指标体系,通过调研分析了海岛社区参与状况及旅游增权的感知程度。

2.1.4　舟山海岛社区旅游研究

关于舟山海岛旅游已成为国内学者研究的热点,主要研究集中于旅游资源评价与产品开发(马丽卿等,2012;肖建红等,2011)、旅游开发模式与空间结构演变(马丽卿,2011;朱晶晶等,2006)、旅游生态环境与生态安全(苏飞等,2013)、旅游影响与社会变迁等。

Lee(2010)运用路径模型分析方法,分析了旅游产业内生变量和外部变量对舟山 GDP 的影响;杨奇美(2008)以普陀山、朱家尖、桃花岛三岛为例,分析了海岛旅游地居民对旅游社会文化、经济、环境影响的感知程度,比较了处于不同旅游发展阶段的海岛居民对旅游影响感知的差异;胡王玉等(2014)以舟山普陀山与三亚槟榔谷为研究区域,采用问卷调查等方法,研究了普陀山与槟榔谷的饮食文化、特色文化及日常生活方式等方面的旅游影响及差异;胡卫伟(2015、2016a、2016b)较为全面地研究了舟山旅游发展对社会变迁的影响,构建了海岛旅游发展对旅游地社会变迁影响的理论模型,通过比较研究,发现旅游村和传统渔村的社会变迁的程度与影响效应存在着明显的差异。并指出海岛旅游发展给目的地带来的社会变迁是双向的,目前仍以正向变迁为主,当地的社会变迁总体上朝着正向、积极的方向发展。

基于以上分析,舟山海岛社区旅游研究多以居民影响感知、旅游对社会变迁的影响为主,而关于舟山海岛社区旅游增权、居民公平感知、社区社会资本以及彼此之间的结构关系的研究尚存不足。

2.2　社区旅游增权研究

增权的概念最初是在社会工作中提出的,关注弱势群体权利提升和社会能力提高,当前增权理论已经被广泛应用于社会学、教育学和心理学以及旅游学领域。从旅游研究视角而言,增权理论是研究社区旅游和旅游社区可持续发展的重要理论和方法,是社区参与理论的深化和拓展。

2.2.1 社区旅游增权的概念与理论演进

1. 增权与社区旅游增权

(1)增权的概念。当前,学术界没有统一的增权概念和定义,但是根据专家和学者的论述,基本可以概括为以下几种。

①过程论。过程论即把增权当作一个实现权力增加的过程。"增权是一个过程,是人们、组织和社区对其事务获得控制的机制。增权通过传达个人控制或心理感受或影响,实现对社会、政治权力和法律权利的关注。它是一个多层次的结构,适用于个体公民以及组织和社区"(Rappaport,1987)。所谓增权指的是充实或提升个人或群体的权力或权能的过程(王宁,2006)。增权是一个提高个人、人际关系或政治权力的过程,这样个人就可以采取行动,改善他们的生活状况(Gutiérrez,1990)。

②能力论。赋权指的是增加个人和组织的能力,做出有目的的选择以及有能力把这些目标变成行动和结果(Narayanparker,1995)。Zimmerman(1990)认为增权是指通过外部的干预和帮助,增强个人能力和对权利的认识,以减少或消除无权感的过程,其最终目的是指向获取权力的社会行动及导致社会改变的结果。

③意识论。孙九霞(2008)认为赋权是一个建立意识、增强能力和发展技能,通向更多参与、更加平等、更大影响的行动过程。心理赋权增强自信心,社会赋权增强归属感和向心力。

④综合论。综合论是把增权看作一个整合概念,既是过程又是目标,更是能力。赋权可以被定义为个体、团体和社群掌管其境况,行使其权力并达成其自身目的的能力,以及个体和集体能够借此帮助自己和他人将生命的质量提高到最大限度的过程。这个定义包含了三个要素:人们的能力、人们行使权力的过程,以及人们的成就(亚当斯,2013)。增权(empowerment),是由权力(power)、无权(powerlessness)、去权(disempowerment)以及增权(empowering)等核心概念建构起来的,其中,权力或权能(power)是增权理论的基础概念。增权既是一个过程,同时又是这种过程的结果(左冰等,2008)。总体上讲,增权可以看作是一种理论和实践、一个目标或心理状态、一个发展过程、一种介入方式。增权并不是"赋予"案主权力,而是挖掘或激发案主的潜能(陈树强,2004)。

综上所述,增权应是一个综合的概念,首先增权是一个过程,这一过程一直处于演化状态,没有最佳只有更大增权;其次增权应是一种能力,它具有工具性,只有案主或者居民具备了改变或影响的能力才能实现增权;再者,增权应具有目的性,其应该是实现某种成就或者目标而去采取积极的措施。

(2)社区旅游增权的概念。社区旅游增权是增权理论在旅游领域中的应用和实践。Sofield(2003)认为社区增权的本质是实现利益相关者之间权力交换的过程,通过赋予社区居民一定权力,保证其在旅游经营和管理中的主体性,以此最大化地提升其积极性。于萍(2010)指出社区旅游增权的实质是通过增强当地社区在旅游开发方面的控制权、利益分享权和强调社区在推动旅游发展方面的重要性,使社区居民从被动参与转向主动参与,获取旅游发展中的决策权,保证当地居民的利益最大化,并且能够部分地控制旅游在地方的发展。张彦(2012)认为旅游增权是激发社区居民的潜在优势,提高其对内外环境的影响力和控制力,推动居民权利的转移和再分配。郭文等(2011)从少数民族实践案例中得出社区旅游增权是聚居在一定固定地理区域里的居民,因共同的兴趣,以一种契约关系和理性的意志参与旅游开发,在此过程中拥有政治、经济、心理、社会、制度和信息等权力的实际效能。王会战(2015)认为旅游增权是指社区内居民个体对权力的认识和旅游经营、管理或服务的能力,提升组织和社区在旅游发展过程中的话语权和影响力,从而实现个人、组织和社区从无权状态到对旅游发展事务相对控制的转变过程,其最终目的是实现旅游与社区的一体化发展。

综合以上论述,社区旅游增权就是发挥社区居民的管理主体作用,提升旅游发展过程中的话语权、决策权和影响力等权力,推动利益分配和再分配的均衡与合理,实现社区旅游可持续发展。

2. 社区旅游增权的理论演进

根据笔者对检索的 110 篇(不完全统计)增权和旅游增权相关文献分析,社区旅游增权的演进可以划分为理论启蒙与探索、理论应用与实践和理论发展与深化三个阶段:

(1)理论启蒙与探索(2003 年之前):围绕理论产生的渊源、思想基础和框架展开研究。

1976 年,Barbara Solomon 在 *Black Empowerment : Social Work in Oppressed Communities*(《黑人增权:受压迫社区的社会工作》)一书中从种族

的议题率先提出了"增强权能(empowerment)"这个概念(左冰等,2008),被认为是增权理论的起源和发端。

Van Galen 等(1992)出版了《授权研究》一书,从社会学、教育学等不同角度对增权进行了系统研究,从政治、社区、经济、自我以及心理等方面分析了增权理论的起源和背景。陈树强(2003)研究了社会工作中增权取向、实践的历史演进、增权理论的政治和思想基础、增权取向的社会工作模型,从目前来看,这是国内较早研究增权的重要文献。

Rappaport 与 Zimmerman 是增权理论研究的先驱与奠基人。1987 年 Rappaport 对社区心理增权的概念、发生条件与时间、社区心理增权理论的目的、社区心理增权理论研究的重要性、社区心理增权的现象以及社区增权生态学的理论框架进行了系统研究,其初步勾勒了增权研究的理论基础。Conger 等(1988)在《增权过程:综合理论与实践》一文中从企业管理的角度探讨了增权的结构、增权的过程、增权影响的因素、增权的实践以及行为效果,对增权理论进行了丰富。Riger(1993)的《赋权有什么错》一文对增权的两种错误观念进行了批判,并分析了社区心理增权存在的挑战;Wilkinson(1998)对授权的背景、授权的根源、分类授权等进行了研究。Perkins 等(1995)和 Zimmerman(1990,1995,2000)对个体心理增权的差异、增权的层次、增权的具体方法,个人、组织、社区层面的心理增权过程与结构,以及交叉学科应用和研究具体框架等进行了全面系统研究,基本奠定了增权研究的理论基础。

1999 年,Scheyvens(1999)正式将增权理论引入生态旅游研究中,并提出旅游增权的 4 个维度框架。Scheyvens(2000)通过案例实证对妇女旅游赋权进行了研究。2003 年,澳大利亚学者 Sofield(2003)在《增权促进旅游可持续发展》一书中进一步深化了旅游增权的概念,自此之后,旅游增权的概念被广泛应用于旅游研究领域。

(2)理论应用与实践(2004—2013)。这一阶段是增权理论的发展阶段,围绕旅游增权的应用和实践展开研究。在这一过程中,呈现出了增权研究的中国化、本土化特色。主要表现在以下几个方面:

①增权概念引入。左冰与保继刚(2008)《从"社区参与"走向"社区增权"——西方"旅游增权"理论研究述评》一文在《旅游学刊》发表,正式把旅游增权的概念引入中国。虽然范斌(2004)、周林刚(2005)、王宁(2006)等从社区增权模式、权能理论和消费者制度增权等不同方面进行了研究,因跨领域之原因,均未达到左冰一文在旅游界的影响力。

②中国化理论探讨。孙九霞(2008)研究了赋权理论与旅游发展中的社区能力建设之间的关系;左冰(2009)以云南省迪庆藏族自治州为案例,开国内旅游增权理论本土化研究之先河;左冰等(2012)和王亚娟(2012)分别从制度增权角度研究了中国旅游增权困境以及制度增权之路径;时少华(2012)从权力结构视角研究了社区参与旅游的路径。

③中国化案例研究。实证案例研究是国内在旅游增权研究中应用较多的研究方法。以增权理论为基础,通过具体案例或个案实证总结出增权模式、增权路径或者增权意义。在实证与个案研究中,国外多聚焦于女性,如Dunn(2007)研究了泰国旅游与女性增权问题。而国内多聚焦于少数民族地区和传统古村落,如郭文(2010)、陈志永等(2013)、郭文等(2011)、李乐京等(2012)分别以云南和贵州的少数民族村寨为个案进行了研究;郭华(2012)、王纯阳等(2013)、翁时秀等(2011)分别以传统古村落为例研究了古村落社区增权。之所以选择少数民族和传统古村落,关键是其文化的典型性、旅游地的代表性以及广泛的借鉴价值。

(3)理论发展与深化(2014年至今)。此阶段围绕增权测量和结构模型构建展开。根据文献发现,Boley等(2014)开发出旅游增权的测量量表,并应用于旅游研究,代表着旅游增权进入多向度研究阶段。在此之前研究多聚焦于案例和实证,即使问卷测量也是仅对增权维度本身的测量,而未探讨增权与其他诸如支持度、满意度、公平等方面之间的关系。当前Boley在旅游增权以及增权模型研究方面处于国际领先地位,2014—2017年,其署名发表的旅游增权定量研究方面的论文多达8篇,为旅游增权理论发展和量化研究做了大量极有价值的探索。国内关于增权测量的研究基本是采用Boley(2014)的增权测量量表,并在此基础上进行局部改进。

2.2.2　社区旅游增权的层次与过程

1. 社区旅游增权的层次

对于增权层次的划分,国内外学者有不同的观点,范斌(2004)从个体增权、人际关系增权和社会参与增权三个层次进行了论述。Gutiérrez(1990)和Gutiérrez等(1995)则从个人、人际和政治层面划分增权的层次。

Zimmerman(2000)则认为增权涉及个人、组织和社区等三个层面(见表2.1)。个人层面的增权包括学习决策技术、管理资源、与他人一起工作的能力;组织层面的增权包括共同责任、共同领导、参与决策的机会,目标指向于对社会决策的影响;社区层面的增权包括利用资源、开放的治理结构、包容多样化等。亚当斯(2013)把赋权分为五个层次,主要包括:自我赋权、个体赋权、团体赋权、组织赋权以及社区和政治体系赋权;各个领域的实践都包含着其他所有领域的实践,并且涉及整个人的存在;所有范围内的层次都相互联系、相互影响,不具有等级之别的含义;它们是一个整体,以不同范围联结在一起,又形成一个更大的整体。

表 2.1　不同水平的增权过程与增权结构对比分析

分析层次	过程(增权)	结构(增权)
个人层面	学习决策技术、管理资源、与他人一起工作	自我效能、关键意识、参与行为
组织层面	参与决策的机会、共同责任、共同领导	高效地占有资源、与其他组织建立联系
社区层面	利用资源、开放的治理结构、包容多样化	组织联盟、多元化领导、当地居民参与的技术

数据来源:Zimmerman(2000)。

以上分层方法基本是从社会工作角度来研究的,而对于社区旅游而言,笔者认同和采用个人、组织和社区的分类方法。从社区旅游增权层次和内容来讲,其核心是个人增权,通过社区居民自我发展、自我教育以及自我提升,进而有能力参与社区旅游决策。以居民自我能力提升进而推动旅游社区发展和治理。两者之间是相互联系和相互促进的,个体发展促进社区治理,社区治理有利于形成公民身份和公民社会。

2.社区旅游增权的过程

1969 年,Arnstein(1969)发表著名的论文《市民参与的阶梯》(A Ladder of citizen Participation),把公众参与分为八个阶梯。Okazaki(2008)指出社区旅游增权应该符合 Arnstein 阶梯的循序渐进过程。

Weaver 等(2010)在对澳大利亚、加拿大、新西兰和美国的土著社区旅游研究的基础上提出了社区旅游增权模型,把社区与旅游关系演化分为六个阶段:欧洲前的原位控制阶段,以地方高度控制和原住主题为特征;殖民主义的早期原位展露阶段;移位展示和展露阶段,作为原住的文物在博物馆和展览馆中展示,把剩余的土著空间作为向游客开放的标志性景点;原位的展示和利用,这代表原住居民的控制权降到最低,但是开始培养抵抗的策略,并重申原住居民控制的主张;原位的准增权阶段(in situ quasi-empowerment),即控制权扩张到先前被占领的区域；移位准增权阶段（ex situ quasi-empower-ment），土著旅游"影子"存在。

McGettigan 等（2006）以 Kiltimagh 的资源整合开发为案例，研究了志愿活动或者志愿者输入对社区发展的影响，提出社区增权的四阶段模型：第一阶段为社区丧失，在志愿者进入之前居民遗弃家乡、移民、愤怒；第二阶段社区的地方意识感增强，居民开始创建企业，减少移民，并对下一代负责；第三阶段为社区联合统一，重视安排戏剧、体育和志愿活动等社区活动；第四阶段，社区地方自豪感增强，经济社会繁荣，具有明显地方自豪感和高质量的生活（见图2.1）。旅游是输入社区活动的有效方式，通过旅游可以把住的地方变成游客游的地方，旅游促进了社区增权，提升了地方认同感、地方意识（见图2.2）。

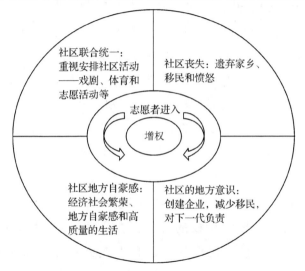

图 2.1　旅游增权促进社区发展的阶段模型

数据来源：McGettigan 等（2006）。

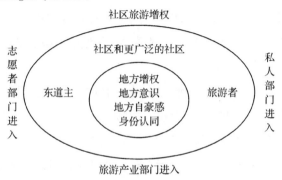

图 2.2　社区旅游增权模型

数据来源：McGettigan 等（2006）。

基于以上分析,笔者认为社区旅游增权的层次可以从纵向与横向来看。纵向上体现的是结构层次,分为个体、组织和社区;横向层次是从增权的程度而言,社区应该经历权力剥脱和无权、去权、参与、增权以及社区自我治理阶段。从权力的维度上来看,经济增权是基础,社会增权和心理增权是表象特征,政治增权是根本,制度和信息增权是路径和形式。

2.2.3　社区旅游增权的影响因素与效应

1.社区旅游增权的影响因素

根据相关文献综述,社区旅游增权除受个体自身条件、宏观环境等因素影响之外,还受到文化、开发模式以及开发时序等因素的制约。

(1)知识、动机与能力的影响。个体赋权受个人动力与机会两种因素的影响。个人的动力由以下有利条件组成:心理的、信息的、组织的、物质的、社会的、经济的以及人的各项资产(亚当斯,2013)。从个人动力方面来看,缺乏知识、资本、技能和自信造成了参与的障碍(Cole,2006;Robinson et al.,2006);缺乏所有权、资金、技能、知识和资源等限制了社区完全控制他们参与旅游开发的能力 Sofield(2003)。而一个人所拥有的机会,则受到立法、各种管理的架构和规则以及社会中约束行为的社会规范的影响(亚当斯,2013)。

(2)文化与性别差异的影响。"社区"通常按亲属、年龄、性别和种族划分,这样的划分可能会影响赋权的观念。在心理、社会和政治赋权方面,性别差异是存在的。在日本,巴西移民比日本人更有心理和社会上的增权感知(Maruyama et al.,2016)。在美国,女性比男性更有可能认为自己被赋予了权力,而与美国相比,由于日本是一个父权社会,在日本男女增权感知没有明显差异(Boley et al.,2016)。不过在大多数情况下,不公平的权力关系导致男性的旅游收入比女性多,尽管大多数文化服务都是以女性为主要提供者(Duim et al.,2006)。

(3)空间与时间序列的影响。因空间地理位置、旅游流、政府政策等客观因素差异造成不同区域社区居民参与旅游经营与接待、获取经济收益机会以及旅游影响在空间上存在差别,众多因素共同叠加导致了同一旅游地不同区域社区经济增权的空间分异(陈志永等,2011)。增权感知基本遵从地域衰减规律,即距离景区越近,对旅游增权的感知越好;距离越远,对旅游增权的感知越差(王会战,2015)。在时间上,不同开发模式的介入导致了权能建设的先后次序,导致了"高认可高趋向""中认可高反差"和"低认可低趋向"的现象存在(郭文等,2011)。

(4)结构性制度缺失的影响。由于旅游资源产权界定不清晰、信息不对称、缺乏权利意识和管理技能,社区居民普遍处于被排斥的无权状态,导致了旅游发展中尖锐的社会冲突(左冰,2009)。首先,资源所有权法律规定上的缺失,导致开发商一开始就拒绝承认村民的"主体性"问题(唐兵等,2014),从而容易引发旅游资源的"公地悲剧"(朱玉熹,2011);再者是国家的土地法律政策缺位、县镇地方政权对村土地等资源干预控制比较强、村落公共性权力的缺失(时少华,2012)、利益相关者博弈与政府失灵(邓爱民等,2015),政治制度的实践形态未能保障社区公共利益(翁时秀等,2011)。从根本上而言,当前旅游法律法规以部门规章为主,法律层级和法律效力较低,适用范围较窄;社区参与旅游的立法宗旨和专门章节或条目内容缺失;在保障社区参与的政治权利与经济权利方面法律不足;部分法律法规重社区责任和义务的强调而轻相应权利的赋予等原因,成为我国旅游发展面临的最大的约束和引发各种社会矛盾的根源(王华等,2015)。

(5)其他宏观和微观因素的影响。正式和非正式的行为准则和行为规范相当薄弱(在宏观和微观层面),成为赋权的一个关键障碍(Petric et al.,2007);社交导向、生活规律、传统顾家、休闲生活等微观因素也影响着居民增权(夏雪艳,2014);"耗损式的古村落保护"、委托—代理关系造成的信息不对称等因素也增加了居民的"无权感"(翁时秀等,2011)。

2. 社区旅游增权的影响效应

旅游增权具有积极的影响效应和效果,是提升居民和社区发展能力,实现社区旅游可持续发展的重要战略。旅游增权效果主要表现在以下几个方面:

(1)旅游增权促进社区的可持续发展。社区赋权将成为旅游业发展的关键,因为赋权将使社区参与旅游开发(Sutawa et al.,2012)。旅游为社区成员提供机会,让他们团结起来,共同参与某些活动,最终实现可持续的旅游发展(Boley et al.,2016)。Ahma 等(2015)通过模型验证证实了社区增权可以促进社区项目可持续发展,并认为社区意识具有调节作用。Boley 等(2014)也证实心理赋权和个人经济收益对旅游业的支持有直接和积极的影响。

(2)旅游增权提升居民满意度。对贫困人口进行制度增权、信息增权，有利于减少交易成本从而增加经济效益；社会增权、心理增权有利于增加社会资本，从而增加经济效益和社会效益；教育增权有利于提高贫困人口的参与能力，从而增加经济效益、环境效益(何敏，2015)。旅游增权与社会文化变迁之间存在联系，与去权社区相比，增权社区人口稳定性更好、旅游发展倾向更明显、社区文化自信更强且对未来抱有更加积极的态度(杨昆，2016)。

(3)旅游增权提高居民支持度。张彦(2012)证实了经济、文化、心理增权可以提升居民幸福感，进而提高社区居民对社区旅游的支持度。Boley 等(2014)认为心理增权、社会增权、政治增权和个人经济利益对居民旅游支持度有正向的影响。王会战(2015)认为社区居民旅游经济增权感知与其参与旅游意愿之间存在显著的正相关关系。李瑞等(2016)认为旅游增权感知对居民的满意度和支持度有正向影响关系，旅游去权感知对居民的满意度和支持度有负向影响关系。在旅游(制度)增权、社区参与、公平感知、旅游正面影响、旅游负面影响等 5 个满意度内驱因素中，旅游增权对居民满意度的直接影响最大，因此，从制度上保障居民的权利，增进社区权能显得尤为重要(马东艳，2014)。

(4)旅游增权提高居民公平感。旅游增权对社区参与和公平感知均具有显著的正向影响，其将有助于促进民族地区旅游发展的公平性与和谐可持续性(马东艳，2015)。社区增权正向影响公平感知和可持续发展支持因素，社区增权是实现旅游公平和可持续性的有效途径(刘静艳等，2016)。

2.2.4 社区旅游增权的维度测量与方法

1.社区旅游增权的构成要素

增权的要素是增权理论的重要内容，在诸多学者关于增权的定义中可以发现某些共同的要素或者主题。Narayan(2002)确定了授权的 4 个关键要素：信息获取、参与、责任以及地方组织能力。Kieffer(1983)认为公民的能力、社会政治修养、政治能力或参与能力是构成增权概念的主要组成部分，并将积极参与社会活动的个人态度或自我观念、系统批判和分析知识的能力、发动行动策略和筹措资源的能力、利用有效的方式与其他人一道实现集体目标的行动能力作为增权形成的先决条件。

在社区旅游增权的研究中，Scheyvens(1999)正式将增权理论引入生态旅游研究中。他明确指出,旅游增权的受体应当是目的地社区,并提出了一个包含政治、经济、心理、社会等 4 个维度在内的社区旅游增权框架(见表 2.2)。

表 2.2　旅游发展中社区增权的四维框架

要素维度	增权	去权
经济增权	旅游为当地社区带来持续的经济收益。发展旅游所赚来的钱被社区中许多家庭共同分享,并导致生活水平的明显提高(新建给水系统、房屋更耐久)。	旅游仅仅带来了少量的、间歇性的收益。大部分利益流向地方精英、外来开发商、政府机构。只有少数个人或家庭从旅游中获得直接经济收益,由于缺少资本或适当的技能,其他人很难找到一条途径来分享利益。
心理增权	旅游发展提高了许多社区居民的自豪感,因为他们的文化、自然资源和传统知识的独特性和价值得到外部肯定。当地居民日益增强的信心促使他们进一步把握教育和培训机会。就业和挣钱机会的增加导致处于传统社会底层的群体,如妇女和儿童的社会地位提高。	许多人不仅没有分享到旅游的利益,而且还面临着由于使用保护区资源的机会减少而生活困难的窘境。他们因此而感到沮丧、无所适从,对旅游发展毫无兴趣或悲观失望。
社会增权	旅游提高或维持着当地社区的平衡。当个人和家庭为建设成功的旅游企业而共同工作时,社区的整合度被提高。部分旅游收益被安排用于推动社区发展,如修建学校或改进道路交通。	社会混乱和堕落。许多社区居民吸纳了外来价值观念,失去了对传统文化的尊重。弱势群体特别是妇女承受了旅游发展带来的负面影响,不能公平地分享收益。个人、家庭、民族或社会经济群体不仅不合作,还为了经济利益而相互竞争,憎恨、妒忌很常见。
政治增权	社区的政治结构在相当程度上代表了所有社区群体的需要与利益,并提供了一个平台供人们就旅游发展相关的问题以及处理方法进行交流。为发展旅游而建立起来的机构处理和解决不同社区群体(包括特殊利益集团如妇女、年轻人和其他社会弱势群体)的各种问题,并为这些群体提供被选举为代表参与决策的机会。	社区拥有一个专横的或以自我利益为中心的领导集体。为发展旅游而建立起来的机构将社区作为被动的受益者对待,不让社区居民参与决策,社区的大多数成员感到沮丧,认为他们只有很少或根本没有机会和权利发表关于是否发展旅游或应该怎样发展旅游的看法。

数据来源:Scheyvens(1999)和左冰等(2008)。

2.社区旅游增权的维度测量

从增权测量的视角来看,国外的研究起步较早,Malhotra 等(2002)从经济、社会、文化、法律、政治和心理等 6 个方面对妇女的增权进行了测量,从家庭主妇、社区和更大范围等不同层面分析了这 6 个方面应该测量的内容。

Val 等(2003)构建了个人增权、组织增权和外部组织增权的测量量表。Narayan(2005)出版了《测量增权:跨越学科的视角》一书,多角度、跨学科地对女性增权、个人增权、组织增权以及不同地区的增权等内容进行了系统研究。

从旅游增权测量的角度分析,旅游增权的测量以 Scheyvens(1999)的增权 4 个维度为基础,以问卷调查为主要形式,借助于层次分析法、主成分分析法和结构方程模型等定量研究方法,构建模式并对模型进行验证。以 Boley 等(2014)编制的增权测量量表为标志,旅游增权的测量研究进入了新的阶段。

增权测量维度有几种不同的方案:首先是 1 个维度方案,马东艳(2015)以制度增权为单一维度进行了测量,其认为制度增权比较能够代表居民增权的内容。其次是 3 个维度方案,Ahmad 等(2015)从社区参与、社区建设能力、信息接收等方面对社区增权进行了测量,给人耳目一新之感。再次是 4 个维度方案,陈志永(2010)、张彦(2012)、Boley 等(2014)和刘静艳等(2016)基本采用了"经济增权、心理增权、社会增权和政治增权"的维度,这一方案的应用较为普遍。但是基于个人收入和收益等受到各方面的影响,Boley 等(2014)出于严谨性考虑,用社区"居民经济收益"代替了经济增权维度。再者就是 5 个维度方案,何敏(2012)、廖军华(2012)、王会战等(2015)、修新田(2015)均采用了 5 个维度方案,但是在实际测量中,5 个维度之间具有一定区别。何敏(2012)在社会增权和心理增权的基础上增加了信息增权、教育增权和制度增权;廖军华(2012)、修新田(2015)在经济、文化、社会、政治维度的基础上增加了环境增权;而王会战等(2015)在 4 个维度的基础上增加了文化增权。最后是 6 个维度方案,李瑞等(2016)在 4 个维度的基础上增加了文化增权、环境增权,郭文等(2011)在 4 个维度的基础上增加了信息和制度增权(见表 2.3)。

以上不同维度测量方案具有很大的差异性。这种差异性主要体现在制度增权、环境增权、文化增权和信息增权这 4 个增权能不能纳入社区旅游增权的维度中来。从当前研究来看,有部分学者把制度增权、信息增权(王战会,2015;左冰,2008)作为增权的路径。而且就内容而言,制度增权与政治增权具有一定的重合性。因而笔者认为,制度增权不易纳入;而从旅游对社会和文化的影响来看,文化增权与社会增权、心理增权均有一定的重复性,所以,笔者认为社区旅游增权应该从"经济、政治、社会、心理"4 个维度进行测量。

表 2.3　社区旅游增权的维度及测量方法

作者及年份	结构维度	测量方法
Scheyvens(1999)	4 个维度:经济增权、心理增权、社会增权、政治增权	定性分析
陈志永(2010)	4 个维度,37 个测量项:经济增权、心理增权、社会增权、政治增权	田野调查、统计分析
赵丹丹(2010)	4 个维度,14 个测量项:经济增权、心理增权、社会增权、政治增权	AHP(层次分析法)、模糊评价方法
郭文等(2011)	6 项隐性指标,35 项显性指标:经济权能、政治权能、心理权能、社会权能、制度权能和信息权能	田野调查、统计分析、比较分析
龙梅(2011)	4 个维度,21 个测量项:经济增权、心理增权、社会增权、政治增权	问卷调查
何敏(2012)	5 个维度,37 个测量项:信息增权、制度增权、教育增权、社会增权、心理增权	结构方程模型
廖军华(2012)	5 个维度,17 个测量项:经济增权、社会增权、政治增权、文化增权和环境增权	结构方程模型
张彦(2012)	4 个维度,16 个测量项:经济增权、心理增权、社会增权、政治增权	主成分分析法、多元回归分析
车慧颖(2013)	4 个维度,16 个测量项:经济增权、心理增权、社会增权、政治增权	层次分析法
Boley 等(2014)	4 个维度,12 个测量项:心理增权、社会增权和政治增权、经济收益	结构方程模型
王会战等(2015)	5 个维度,29 个测量项:经济、心理、社会、政治和文化增权	扎根理论的分析方法、主成分分析法
张龑(2015)	4 个维度,24 个测量项:经济增权、心理增权、社会增权、政治增权	AHP、模糊评价方法
修新田(2015)	5 个维度,24 个测量项:经济增权、文化增权、社会增权、政治增权、环境增权	主成分分析法、结构方程模型和对比分析法
马东艳(2015)	1 个维度,6 个测量项:制度增权	结构方程模型
Ahmad 等(2015)	3 个维度:社区参与、社区建设能力、信息接收	结构方程模型
刘静艳等(2016)	4 个维度,15 个测量项:经济增权、心理增权、社会增权、政治增权	结构方程模型
李瑞等(2016)	6 个维度,22 个测量项:经济增权、心理增权、社会增权、政治增权、文化增权、环境增权	结构方程模型
Strzelecka 等(2016)	4 个维度,12 个测量项:心理增权、社会增权、政治增权、经济收益	多元回归分析

2.2.5 社区旅游增权的结构模型

随着增权理论的发展和社区旅游增权研究的深入,社区旅游增权的定量评价和测量已经成为研究趋势。自2014年以来,结构方程模型研究方法开始广泛应用于旅游增权研究,国内外学者基于增权前因和中介影响因素等不同视角,构建了社区旅游增权研究模型。

1.旅游增权为前因变量的结构模型

Boley是较早构建社区旅游增权模型的学者,Boley等(2014)以心理增权、社会增权、政治增权和经济收益为前因变量,以收益正面感知和负面感知为中介变量,以居民支持旅游发展的态度为结果变量,构建了社区旅游增权与居民支持态度之间的结构模型,并验证了模型的各项参数(见图2.3)。

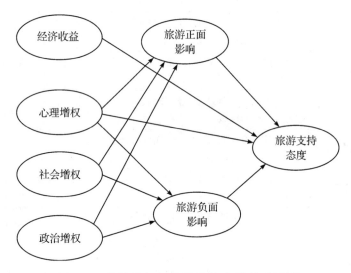

图 2.3　旅游增权与旅游支持态度关系模型
数据来源:Boley 等(2014)。

Ahmad等(2015)以社区参与、社区能力建设、信息接收作为增权的3个维度,以社区意识为调节变量,构建社区增权与社区项目可持续发展之间的关系模型,并验证了模型参数。在此模型中,社区意识以社会资本的角色,在增权与社区居民支持社区项目可持续发展的态度影响关系之间起着明显的调节作用(见图2.4)。

王会战(2015)构建了"社区居民旅游增权感知"与其"参与旅游意愿"相关的结构模型,其中加入了"权利意识"这一极具中国乡土社会居民性格特质的元素作为调节变量,并进行了实证检验。马东艳(2015)运用结构方程

(SEM)建模方法,构建了民族村寨社区的旅游增权、社区参与和公平感知结构方程模型,并运用 SPSS18.0 和 AMOS12.0 软件,以四川理县桃坪羌寨为例,对模型进行了参数验证。

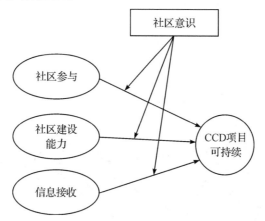

图 2.4　旅游增权与社区项目可持续发展关系模型
数据来源:Ahmad 等(2015)。

刘静艳等(2016)以经济增权、社会增权、政治增权和心理增权为前因变量,以结果公平和程序公平为中介变量,构建了增权与可持续发展支持态度影响关系模型(见图 2.5)。

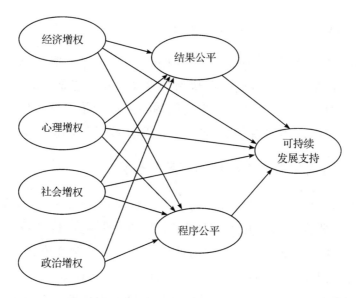

图 2.5　旅游增权与居民旅游可持续发展支持关系概念模型
数据来源:刘静艳等(2016)。

2.旅游增权为中介变量的结构模型

李瑞等(2016)认为居民社区增权感知与居民社区去权感知可以透视旅游地居民参与旅游主体地位有效性。其以居民社区增权与去权感知作为中介变量,构建了民族村寨旅游地居民满意度影响因素概念模型(见图2.6)。

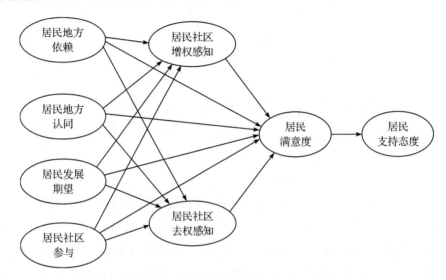

图2.6 民族村寨旅游地居民满意度影响因素概念模型

数据来源:李瑞等(2016)。

3.旅游增权为结果变量的结构模型

夏雪艳(2014)以生活形态为前因变量,以社区旅游增权感知为结果变量,构建了生活形态和社区旅游增权测量量表。并以探索性分析、回归分析的方法对生活形态与旅游增权感知之间的关系进行了验证。结果显示社交导向与经济增权、政治增权、社会增权及心理增权呈显著正相关关系。

2.2.6 社区旅游增权研究的不足与趋势

总体而言,社区旅游增权理论的起步相对较晚,理论框架和体系尚未成熟和完善。主要存在以下几个方面的不足:首先是社区旅游增权的研究内容较为单一,并具有重复现象。多为社区旅游增权的制度模式、路径方案以及对策措施等总体研究,而关于增权理论创新、增权影响多向度分析、社区居民心理增权差异、文化差异以及性别差异等方面内容的细化研究相对较少。其次是研究区域与对象选择上相对集中,目前国内社区旅游增权的研究多聚集于西部少数民族村寨、传统古村落、乡村旅游社区等,而关于东部经济发达地区、滨海或海岛地区等的研究相对较少;在研究对象上多以整体居民感知为主,而关于女性、弱势群体、老年等相关特殊群体的旅游增权感知研究有待细化和深化。再者是研究方法和工具有待创新,当前社区旅游增权的研究多是实证研究和案例研究,定量研究不足。借助结构方程模型,探讨经济、社会、政治、文化等内部之间关系以及多向度的定量化研究有待加强。

　　未来社区旅游增权的研究应该在研究方法、指标体系构建、研究内容与对象方面进行突破或者尝试。在研究方法上,以扎根理论为基础,借助NVivo为辅助工具进行实质意义上的质性研究,以结构方程模型为工具进行定量研究是未来趋势。在评价指标体系构建上应该是多角度和多方位的,应从不同层次和不同维度进行尝试。因此,以Boley等(2014)旅游增权评价量表为标准是可行方案,但是也可以借助世界银行关于增权的评价方法,构建旅游领域中个人、组织、社区的旅游增权评价指标体系,也可以在Ahmad等(2015)的测量评价指标体系的基础上进行优化和创新。在研究对象上,对于中国而言,西部民族地区仍然是关注的焦点,但是东部发达地区、滨海或海岛地区,以及东部的少数民族地区、福建客家文化区、生态旅游脆弱区也应是关注的区域。在研究内容上,在新时代国家战略的导向下,增权与扶贫、增权与公平、增权与社会资本是未来研究的重点。

2.3　旅游地居民公平感知研究

　　随着旅游业的深度发展,旅游公平日益受到重视,旅游地居民的公平感知关乎居民对旅游业的支持行为和态度,本节针对旅游地居民公平感知进行论述。

2.3.1　公平的基本概念与理论演进

1.公平与旅游公平感知的概念

(1)公平的概念。关于公平的概念从不同的角度解读具有不同的含义。从哲学的视角来看,公平是一种程序,是城邦优良秩序的安排和个人欲望的节制(柏拉图等,2002),公平是做出公正事情的品质,一切德行的汇总(亚里士多德,1999)。从社会角度而言,公平是人们从既定的概念出发,对某种现象的评价。亦指一种被认为是应有的社会状况。反映社会生活中人们的权利和义务、作用和地位、行为和报应之间的某种相应关系。公平观念和标准受社会历史条件的制约,具有时代性和阶级性(辞海编辑委员会,1989)。从政治法律的角度来看,"正义"是一个法的概念或法律概念,是一个与法律和据此法律享有的权利相联系的概念(姜涌,2004)。公平就是机会均等,主张严格按照规章制度办事,法律、制度面前人人平等(史耀波等,2007)。从心理视角来看,公平是在与他人比较后产生的,它既是一种实际的状况,也是一种心理感受(刘宗粤,2000),由于公正指的是一种主观感受,称之为"公正感"更贴切(方学梅,2009)。从经济学视角来看,公平问题主要涉及财富、资源分配问题,它是指在一定的历史时期和社会环境中,人们对信息资源的获取和分配过程中所体现的平衡与对等状态(王一多,2005)。它强调的是各种经济、政治、文化、社会权利和资源在社会成员之间合理分配,每个人都能得到其所应得的(蔡丽华,2012)。

(2)旅游公平的概念。旅游公平指的是居民在旅游资源的利用、旅游权利、旅游利益和旅游机会等分配和使用上的合理性,其核心是"人人有机会参与旅游"(黄秀琳,2011)。而旅游社会公平体现的是公民(包括旅游者和旅游地公民)在参与旅游活动时的一种平等的关系,其实质是公民在旅游活动中是否公平地实现了自己的旅游权利及利益(刘晓静等,2015)。旅游业应具有多元的利益要求,而不是单纯追求经济利益,旅游利益的分配应该建立在平等、公平的基础上(王德刚,2012)。在空间尺度上旅游公平性体现的是当代人之间旅游发展普惠的问题,在时间尺度上体现的是当代人与后代人配置资源的问题(汪秋菊等,2014)。

公平感知是社会心理学所建构的概念,是人们将自己在旅游发展中所获得的收入、地位、声望与其他人比较或者与自己过去比较而获得的一种主观评价,是个体或群体是否获得公平对待的一种心理感受(马东艳,2014,2015)。旅游发展的公平感知是旅游地居民对当地旅游业发展所带来的基本价值,包括自由和机会、收入和财富、自尊等,是否得到平等分配的一种主观感知与判断。旅游地居民以"应有的旅游发展利益分配状况"为标准,对实际情况是否符合这一标准而做出"公正与否"的判断(张乂心,2015)。本书采用马东艳和张乂心等关于旅游发展公平感知的概念,即旅游地居民公平感知是指旅游发展过程中,将居民所获得的收入、地位、声望与其他人比较或者与自己过去比较而获得的一种主观评价。

2.公平理论演进

对于公平的探索是人类永恒的主题。柏拉图和亚里士多德从哲学和伦理学角度较早探讨了公平的概念、内涵与形式；亚当·斯密、马克思、边沁、罗尔斯从社会、经济学的角度提出了公平分配的原则和理念。而从组织行为学或管理学角度探讨的组织公平理论起源于 Homans(1958)的社会交换理论，开始于亚当斯(Adams,1965)的分配公平，发展于 Leventhal(1980)的程序和分配公平，完善于 Bies 等(1986)、Greenberg(1991)的分配公平、程序公平、互动公平以及信息公平，从而形成较为完善的组织公平理论。

(1)分配公平。分配公平又称为结果公平，指的是人们对决策结果公平的感受。Homans(1958)认为人与人之间的社会交往和互动，会理性地计算成本付出与所获得报酬之间的均衡，从而提出了社会交换理论。Admas(1965)在相对剥夺感等群体行为理论的基础上提出了公平理论。Admas(1965)指出一个人在关心自己所得报酬的同时，也会将自己的投入和产出与他人的投入和产出进行对比，从而形成公平或者不公平的感觉，这种感觉和心理将直接影响工作的积极性。Admas(1965)之后，公平理论逐渐应用于经济学和社会学。罗尔斯(2002)以社会学和经济学的视角，在论述公平的正义时提出了著名的"无知之幕"下的两条分配原则，即"最大平等自由原则"和"正义原则"，正义原则又分为"机会均等原则"和"差别原则"，这一观点引起了巨大关注。Deutsch(1975)进一步指出，分配过程中要遵循"公平、平等和需求"三个原则；Leventhal(1976,1980)提出"公平判断模型"。以上学者的研究奠定了分配公平理论的基础。

(2)程序公平。程序公平是指人们对决策程序与过程的公平感受。Leventhal 等(1980)认为程序公平是用于决定结果方法、机制和过程的公平性。程序公平是由 Thibaut 等(1975)在研究法律诉讼程序的公平问题时提出的。他们发现在法庭上有发言权的人总比无发言权的人更有公平感，结果更加满意。Leventhal(1980)研究发现个体公平不仅受到结果公平的影响，同时也受到在分配过程中相关决策信息和决策程序的影响。

Leventhal(1980)将程序公平应用到法律以外的领域，并指出分配程序的公平应该考虑七个要素，遵循六条程序原则。七个要素包括：主体选择、基本规则制定、信息获取、决策机构、下级建议、保护措施以及因地制宜等。六条程序原则包括：一致性原则(consistency)，即分配程序不能因人而异、因时而异，要保持一致性；无偏见原则(bias suppression)，即分配过程不应该受到个人主观因素、偏好以及私念的影响；准确性原则(accuracy)，即分配过程中程序决策和执行要以准确的信息为支撑，尽量减少误差与差错；可以纠偏原则(correctability),即分配程序应该能接受申诉和要求,根据不同意见进行修正和纠偏;代表性原则(representativeness),即分配和决策程序要能够代表最大多数相关人员的意见和利益;伦理性原则(ethicality),即分配程序应该与个体所持有的道德标准与伦理观念相一致。Leventhal 关于分配程序的标准和原则是对程序公平较为系统和全面的论述。

1983 年,Greenberg 等(1983)将程序公平理论引入组织管理中,出版了《程序感知以及在组织与群体中影响》一书,研究了程序公平对组织领导、决策以及绩效的影响。Clark(1992)等在此基础上提出了"正当程序"的概念,并提出三类标准:管理者将决策原则和决策程序明确告诉下属或者当事人;管理者要善于倾听下属和员工的意见与建议;管理人员要根据事实作出正确公正的判断。Lind 从心理学角度研究了程序公平,并系统阐述了程序公平对满意度、组织公民行为和工作绩效等结果变量的影响,并在群体行为导向研究的基础上,提出了著名的启发式理论(Lind,2001;Lind et al.,1992;Lind et al.,1989)。Kees 等(1997)通过实验证明人们先接收到的信息比后接收到的信息更强烈地影响人们对公平的判断。

(3)互动公平。"互动公平指的是在组织程序实施过程中,人们对人际互动方式的敏感程度"(Bies 等,1986),即互动公平指的是人际交往的公平性,强调的是程序实施过程中实施方式的重要性。Bies 等(1986)研究发现分配结果回馈执行时的人际互动影响人们的公平感知,从而提出人际互动概念应该从程序中区分出来,把公平分为结果、程序和互动公平 3 个方面。Bies 等(1986)提出了互动公平的四个原则:真诚,在分配互动的过程中,应该做到诚实、坦率,避免欺诈;尊重,在互动过程中应该礼貌、谦逊,尊重每一个人,避免粗暴行为;合理性,为决定分配程序提供翔实和充分的解释;问题确切,在分配过程中不预设立场或提出不适当的问题。Greenberg(1993a,1993b)在互动公平的基础上进行进一步区分,把互动公平分为两种,一种是"人际公平",指的是在决策或者执行程序时,具有权威的部门或者个人对下属部门或者个人是否有礼貌和尊重对方;另一种是"信息公平",指的是当事人是否充分传递和提供了应有的信息。

根据以上分析,分配公平关注结果的公正与合理;程序公平关注决策程序以及程序执行过程中的公正与客观;互动公平关注程序执行过程中人际交往的公正和信息透明与公开。互动公平影响着程序公平,程序公平影响着分配公平。目前组织公平理论已经被广泛应用到旅游企业、游客及社区居民公平感知的研究,为旅游公平研究领域的拓展提供了理论工具。

2.3.2　居民公平感知的层次与判断形成

1. 旅游地居民公平感知的层次

对于公平的层次结构,还没有专门的学者进行论述。而对于正义的划分,最早可以追溯到柏拉图时代。柏拉图在《理想国》中把正义划分为国家正义和个人正义。所谓国家正义就是智慧的统治者进行统治、勇敢的辅助者进行辅助,被统治者接受统治,各阶层的人各司其职,使城邦有序运转。所谓个人正义就是做本分的事情。正义的人不许可自己灵魂里的各个部分相互干涉,灵魂中的理性战胜欲望以形成节制。柏拉图认为,个人正义服从国家正义,国家正义是由个人正义组成的。笔者认为,所谓国家正义便是宏观层面的正义,所谓个人正义便是微观层面的正义。

若从旅游公平或者旅游正义角度来划分旅游公平的层次结构的话,笔者认为可以分为宏观层面的旅游公平和微观层面的旅游公平。宏观层面的旅游公平关注公民旅游权利的公平与享有、旅游利益的分配公平与平等、旅游公共资源和公共服务的享有与利用、旅游空间开发的公平与正义、旅游参与机会的均等与公正(汪秋菊等,2014;刘晓静等,2015),其核心是"人人参与、人人共享"(黄秀琳,2011)。旅游公平是一个系统问题,更是一个社会问题,涉及观念、伦理、制度、文化、经济以及人权等,宏观层面的旅游公平解决的是人的发展、社会发展和伦理构建问题(曹诗图,2017)。

微观层面的旅游公平是关于旅游发展过程中公平感知的问题。它涉及两个层面:第一个层面是旅游组织公平的客观状态,即人们可以不断地改善旅游发展过程中不合理的组织制度、组织程序和组织措施,从而达到激励人的效果,提升旅游满意度、支持度和绩效;第二个层面是公平感,即人对旅游发展公平的主观感受状态,研究游客、企业管理者、员工、社区居民以及弱势群体的公平感知以及心理反应。从以上分析可知,本书研究的是微观层面的旅游公平,即旅游社区居民公平感知(李晔等,2003)。

2. 旅游地居民旅游公平判断的形成

公平的判断影响着居民旅游公平的认知,进而影响居民的行为和态度。根据经典公平理论(Admas,1963,1965)、参照认知理论(Folger,1986)和现代公平理论(Folger et al.,2001)、群体参与模型(Tyler et al.,2003)、公平启发式理论(Lind et al.,1992;Lind,2001),旅游地居民的公平判断形成于比较与参照,群体参与和信息资源不足下启发式判断。

Admas(1965)认为人们对公平的判断来源于将自己的付出与报酬之比与参照对象的付出与报酬之比进行比较,若比值相等或接近则产生公平感,否则将产生不公平感。Folger(1986)从参照认知理论解释了公平的形成过程,强调相对不公平与剥夺感会产生不满与愤怒。他认为人们的想法是有参照的,按照这个参照去对比实际发生和本应该发生的事情,如果人们的参照结果高,改善的可能性以及说服性低的话,人们便会不满与愤愤不平。这种不满情绪影响着人们的决策过程,从而导致怨恨,甚至出现报复行为。随后Folger(2001)对参照认知理论进行了修正,通过反事实比较思维揭示了公平的认知过程。他认为公平的判断结果是个体通过反事实比较而进行的责任认定的过程,人们的反事实比较是在无意识或下意识的情况下进行公平推理的。

Tyler等(2003)在研究程序公平与社会身份与合作行为时提出了群体参与模型。该模型认为程序公平通过身份和地位影响合作行为。在合作行为形成的过程中,身份比资源更重要,身份影响合作,资源判断通过身份中介作用影响合作行为产生。公平启发式理论解释了在不确定情景下公平判断与形成过程,揭示了人们对公平重视的原因以及公平启发式的形成和作用机理。该理论认为人们是基于所有可利用的信息,有意识和谨慎地对公平结果做出判断。人们从权威那里获取信息,并将其作为公平判断的依据,否则,就从程序方面寻求决策信息,以形成公平判断,这种判断影响着人们对权威指令的接受行为。这一理论显示分配结果影响公平评判,并影响程序公平的评价(Lind,2001;Lind et al.,1992)。

通过以上分析,促进旅游地居民公平感知的形成,要有公平的结果用于比较,现实的公平用于参照,广泛的群体参与和充分的信息提供用于启发公平判断,进而产生积极的态度和行为。

2.3.3 旅游地居民公平感知的影响因素与效应

1. 居民公平感知的影响因素

公平的问题是复杂和多方面的,公平是一种维系社会关系的社会观念或社会意识形态。每个时代、每个社会一般说来都有一种占统治地位的公平观念(王一多,2005)。它受到微观诸如旅游社区居民参与旅游的意愿、旅游社区的文化价值与文化交流等因素的影响，也受到宏观诸如国家政策、社会经济环境等因素的影响（李萌，2015）。例如政府的立场和治理模式决定了旅游收益的分配倾向，地区的发达程度对于旅游收益分配也有一定的影响，越是不发达的地区，当地居民的相对剥夺感越强。目的地所处的生命周期阶段与公平也有相关关系（左冰，2016）。像文化剥削、文化边缘化和文化种族歧视以及文化控制也影响着文化公平，进而影响着经济和文化福祉（Ortega et al.，2011）。

　　社会公平是一种价值判断，建立在权益平等的基础之上，权益失衡是导致社会公平感弱化的根本原因（郑功成，2009）。分配正义的基础是权利平等，旅游收益分配受到外生权力配置的影响。当权利不平等或产权不明晰时，旅游收益更多地将被分配给更有权势的一方。在拥有平等权利的情况下，旅游收益的分配由要素拥有者所拥有的要素在市场上的稀缺性决定（左冰，2016）。

　　从微观层面而言，人们容易受到个人利益或阶级立场、态度的影响而作出带有强烈主观色彩的判断和评价（王一多，2005）。在信息不确定性的情况下，人们对正义的判断可能是非常主观的，容易受到情感状态的影响，这些状态与他们正在构建的正义判断没有逻辑关系（Bos et al.，2003）。在模糊情境下，情绪、社会价值取向、博弈顺序对分配公平观有着不同影响（方学梅，2009）。情感的状态和特征与分配、过程和互动公正的判断有关（Colquitt，2012；Barsky et al.，2007）（见图2.7）。以前的研究关注公正的行为结果，而没有关注心理和情感，公正和感觉是公正研究的新时代（Cremer et al.，2007）。

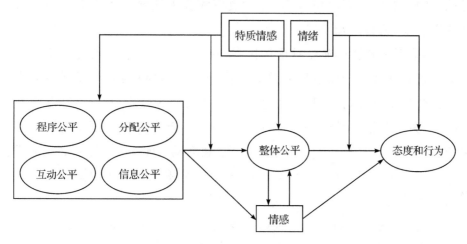

图 2.7　情绪影响组织公平的作用机理

数据来源：Colquitt（2012）。

2. 居民公平感知的影响效果

当前关于旅游业中公平感知的研究主要聚集于人的主观感知,即游客的公平感知、旅游企业员工的感知和旅游社区居民的公平感知3个方面。

旅游业中游客公平感知影响效果多以研究公平感知对游客的满意度(Severt et al.,2006;谢礼珊等,2007)、游客的忠诚度(粟路军等,2010、2011)、游客的重购意向(Kim et al.,2009;毛明霞,2007)、游客的情感和情绪(Blodgett et al.,1997;粟路军等,2011),以及客户关系质量的影响关系(Clark et al.,2009;詹志方等,2006)为主。在旅游企业中员工组织公平的结果变量包括企业员工的满意度(Minjoo等,2005;Wu et al.,2008;彭征安等,2015)、组织公民行为(Cohen et al.,2006;Hemdi et al.,2008;Moorman,1991)、工作绩效(Karatepe,2011;邓桂枝、汪纯孝,2005)、报复和偏差行为等(Skarlicki et al.,1997)。

根据相关文献综述,公平感知对于居民的影响主要体现在几个方面:居民满意度、居民参与行为、居民支持态度等。

(1)公平感知影响旅游社区居民满意度。史耀疆等(2006)指出,在中国经济社会体制转轨过程中,社会发展的不公平问题包括地域发展、经济分配、机会获取等方面。这种不公平影响到了公民对于社会公平的评价以及自身生活满意度的感知,进而影响到了公民的社会心理,公民心理失衡与否是社会稳定与否的关键。诸如在乡村旅游发展中,合作社效率、公平、信任对社员的满意度具有内在影响作用,效率和公平能显著地影响社员对合作社的满意度(王昌海,2015)。

(2)公平感知影响旅游社区居民参与行为。分配公平、程序公平和互动公平分别对社区参与旅游发展具有正向影响,社区参与旅游发展本质上是一种社会交换过程,在这种交换过程中居民感知到被公平对待,在互惠互利原则下,为了回报这种公平对待,居民会对社区旅游发展表现出更高的参与热情(胥兴安等,2015)。相比较程序公平和互动公平,分配公平更能促进社区居民参与旅游发展(胥兴安等,2015),旅游公平的提高可以显著地降低社区居民的社会排斥感和组织报复行为(刘好强,2014)。

(3)公平感知影响旅游社区居民支持态度。公平法则是居民参与旅游交换的内在机制。回报与补偿公平、资源与机会公平、环境与生活质量公平、利益实现程序公平4个维度对居民的旅游发展支持度有显著的正向预测作用(谭红娟,2011)。公平感知在社区增权和可持续发展支持之间起中介作用,公平感知正向影响居民可持续发展支持(刘静艳等,2016)。

(4)公平感知影响旅游社区居民的信任和意愿。肖艳荣(2015)认为公正感知对政府信任具有显著的正向影响,居民对分配公平、程序公平、互动公平感知越强,尤其对互动公平的感知越强,居民对政府越信任。在征地补偿的过程中,被征收人直接感知到的或间接经验感知的政府征收房屋的用途是否"怀有善意"、征收过程是否给了被征收人"发声权"、征收结果是否经得起比较等 3 个维度的公平感知度会正向影响他们的征收意愿(王玥等,2013)。

2.3.4　旅游地居民公平感知的维度测量与方法

1.公平感知的维度测量

组织公平的结构维度和测量一直是组织公平理论研究的热点。关于组织公平的维度归纳起来有五种说法。

单因素论,分配公平和组织之间联系非常紧密,以至于难以对两者进行区分,因此认为组织公平的结构是单维的。单因素测量以测量分配公平为主,如 Harry Reis(1976)采用 17 项指标测量了分配公平。

二因素论认为组织公平由分配公平和程序公平 2 个维度组成。如 Fryxell 等(1989)研究了程序公平和分配公平与制度满意度、工作满意度、工作场所公平之间的关系,结果显示程序公平和组织公平对工作满意度具有很强的预测力。Sweeney 等(1997)研究了男女分配和程序正义的差异,显示分配正义与组织效果之间的关系(承诺和留职意图)男性比女性强,程序正义与组织效果之间的关系(承诺和留职意图)女性比男性强,公平感知与不同性别的交往方式有关。

三因素论认为组织公平由分配公平、程序公平和互动公平三部分组成。1986 年贝斯等人(Bies et al.,1986)将"互动公平"从程序公平性中分离出来,进而将公平性分成 3 个维度:分配公平、程序公平、互动公平。Moorman(1991)从组织公平的角度研究了组织公平和组织行为之间的关系,构建了较为全面的过程公平和互动公平测量模型;Aquino(1995)研究了互动公平、过程公平与公民行为之间的关系,认为付费不公平负面影响着公民行为,过程公平和互动公平对支持与赞成有着积极影响。

四因素论认为组织公平由分配公平、程序公平、人际公平和信息公平四部分组成。Colquitt(2001)基于验证性因素分析对组织公平1个维度、2个维度、3个维度和4个维度的结构方案进行了对比分析和研究,认为4个维度方案要比2个维度或者3个维度方案优良,运用4个维度方案较为合理。刘亚等(2003)通过探索性因子分析构建了中国文化背景下的公平感知模型,提出组织公平包括程序公平、分配公平、领导公平和领导解释。其中领导解释与信息公平相对应,而领导公平却超越了人际公平的意义,成为一个与分配公平对等的因素,分配公平是物质分配,而领导公平则是一种精神分配。由于文化、制度和组织形态的不同,中国的组织公平感在内容、结构等方面也可能与西方社会有所不同。

除了刘亚(2002)构建的4个维度之外,张媛(2009)把公平分为5个维度,它们分别是权利公平、机会公平、程序公平、互动公平以及结果公平。

从目前组织公平的维度划分和测量来看,中外研究具有明显差异,国外的研究更偏重于微观和组织公平的研究,国内的研究在微观组织公平研究的基础上,对宏观的社会公平具有一定的关注。从目前研究现状来看,3个维度结构是普遍接受的观点。

2.旅游地社区居民公平感知的维度测量

旅游公平评价与测量分为宏观层面的测量和微观层面的测量。宏观层面的测量即测量旅游社会的公平状态。代媛媛(2008)从环境公平、社会公平、经济公平3个方面评价了世界遗产旅游的公平性。刘晓静与梁留科(2015)从资源享有公平性、居民出游机会公平性、旅游公共服务均等化、旅游利益分配公平性、旅游权利保障体系5个方面构建了旅游社会公平及其评价指标体系。

从微观层面而言,主要测量和评价游客、旅游企业员工、旅游社区居民的公平感知。游客的感知一般以3个维度和4个维度为主,重点研究旅行社以及景区游客的感知。旅游企业员工感知研究方面,2个维度(分配和程序公平)、3个维度(分配、互动、程序公平)、4个维度(分配、互动、程序、信息公平)均有应用,3个维度和4个维度较多。

社区居民公平感知多以中国学者研究为主,多以乡村旅游地和成熟的旅游社区、世界文化遗产地和少数民族村寨为研究对象。从目前研究来看,国内社区居民公平感知的定量研究从2014年才逐渐兴起,还处于起步阶段。社区居民公平感知的测量多以 3 个维度为主(分配、程序、互动公平),马东艳(2015)、刘好强(2014)、胥兴安等(2015)、柴寿升等(2016)分别从 3 个维度视角对居民公平感知进行了测量和评价。刘静艳等(2016)从分配公平和程序公平 2 个维度进行了测量。谭红娟(2011)从 5 个维度(回报与补偿公平、资源与机会公平、环境与生活质量公平、利益实现程序公平和利益互动公平)进行测量和评价(见表 2.4)。当前,社区居民公平感知的研究,3 个维度的应用是较为广泛和成熟的。因此,本书对旅游社区居民公平感知的测量采用 3 个维度方案。

表 2.4　旅游研究中的公平感知维度及测量方法

作者及年份	结构维度	研究对象	测量方法
Mattila 等(2005)	2 个维度,9 个测量项:分配公平、程序公平	酒店员工	结构方程模型
Hemdi 等(2008)	2 个维度,12 个测量项:程序公平和分配公平	酒店员工	结构方程模型
Wu 等(2008)	4 个维度,25 个测量项:结果公平、程序公平、交往公平、信息公平	饭店员工薪酬公平	结构方程模型
Chan 等(2011)	4 个维度,20 个测量项:结果公平、程序公平、交往公平、信息公平	酒店倒班员工	结构方程模型
毛明霞(2007)	3 个维度,16 个测量项:分配公平、程序公平和互动公平	高档商务饭店顾客	回归分析法
谢礼珊等(2007)	4 个维度:结果公平、程序公平、交往公平、信息公平	博物馆服务游客	结构方程模型
谢礼珊等(2009)	4 个维度:结果公平、程序公平、交往公平、信息公平	广州的游客	关键事件法
陈国平等(2012)	3 个维度:结果公平、程序公平、互动公平	旅行社游客	单因素方差和多因素方差分析法
Zoghbi-Manrique-de-Lara 等(2014)	3 个维度,16 个测量项:结果公平、程序公平、互动公平	酒店顾客公平与服务补救	结构方程模型
刘晓静等(2015)	5 个维度,18 个测量项:旅游资源享有公平、居民出游机会公平、旅游公共服务均等化、旅游利益分配公平和旅游权利保障体系	宏观测量旅游产业(社会公民)	AHP(层次分析法)方法
代媛媛(2008)	3 个二级指标:环境公平、社会公平、经济公平。8 个三级指标	世界文化遗产	综合评价与层次分析法

续表

作者及年份	结构维度	研究对象	测量方法
王昌海(2015)	1 个维度,3 个测量项:公平	农村合作社	结构方程模型
熊文彦(2015)	3 个维度,15 个测量项:结果公平、程序公平、交互公平	自然景区	结构方程模型
马东艳(2015)	3 个维度,10 个测量项:结果公平、程序公平、交互公平	民族村寨社区居民	结构方程模型
刘好强(2014)	3 个维度,10 个测量项:分配公平、程序公平和互动公平	社区居民	回归分析、结构方程模型
谭红娟(2011)	5 个维度,25 个测量项:回报与补偿公平、资源与机会公平、环境与生活质量公平、利益实现程序公平和利益互动公平	自然遗产地居民	回归分析
胥兴安等(2015)	3 个维度,11 个测量项:分配公平、程序公平和互动公平	山东省沂南县竹泉村居民	结构方程模型
胥兴安等(2015)	3 个维度,12 个测量项:分配公平、程序公平和互动公平	山东济南朱家峪古村居民	结构方程模型
刘静艳等(2016)	2 个维度,11 个测量项:结果公平、程序公平	喀纳斯图瓦村落	结构方程模型
柴寿升等(2016)	3 个维度,11 个测量项:分配公平、程序公平和互动公平	崂山风景区	结构方程模型

2.3.5　旅游地居民公平感知模型架构

从公平感知的研究模型来看,主要有三种类型:即公平作为前因变量影响游客、员工或者居民的行为和态度;其次是公平作为中间变量影响游客、员工或者居民的行为与态度;再者是公平作为结果变量受到如旅游授权或者增权以及其他因素的影响。

Colquitt（2012）在《组织公平》的专著中,综述了组织公平、总体公平感知以及态度行为意向等相关研究方面的文献,从组织公平的视角构建了分配公平、程序公平、互动公平和信息公平对总体公平以及态度和行为的影响模型(见图 2.8)。谢礼珊等（2007）从服务公平的视角,以博物馆的服务为实证研究,以结构公平性、程序公平性、交往公平性和信息公平性为前因变量,构建了服务公平性、服务质量、组织形象对游客行为意向的影响模型。

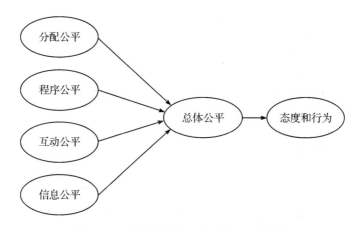

图 2.8 组织公平影响态度与行为模型

数据来源:Colquitt(2012)。

1.公平感知作为前因变量的模型

从社区居民公平感知的角度,胥兴安等(2015)以分配公平、程序公平和互动公平为前因变量,分别以社区支持感和社区认同感为中介变量,以社区参与旅游发展为结果变量,构建了旅游公平感知对社区参与旅游发展的影响模型(见图 2.9)。

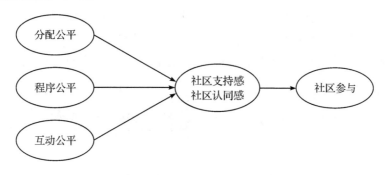

图 2.9 居民公平感知影响社区参与模型

数据来源:胥兴安等(2015a,2015b)。

2.公平感知作为结果变量的模型

马东艳(2015)以旅游增权为前因变量,以社区参与为中介变量,以公平感知为结果变量,构建了旅游增权对公平感知的影响模型;柴寿升等(2016)以旅游社区参与为前因变量,以社区旅游收益为中介变量,以旅游公平感知为结果变量,构建了社区参与对旅游公平感知的影响模型。

3.公平感知作为中介变量的模型

岑琳(2014)从游客授权度角度以游客知情权、游客控制权、游客自我效能为前因变量,以结果公平、过程公平和互动公平为中介变量,以游客满意度为结果变量,构建了旅行社服务补救中心理授权对游客公平感知与满意的影响模型。刘静艳等(2016)以经济增权、社会增权、政治增权和心理增权为前因变量,以结果公平和程序公平为中介变量,构建了增权与可持续发展支持态度之间的关系模型。

2.3.6 旅游地居民公平感知的研究不足与研究趋势

根据以上文献综述可以发现当前关于旅游公平感知的研究存在一定的不足:公平感知的影响效果多以行为和态度为主,而偏向于微观的公平感知度和公平敏感度研究较少;其次多从横向视角研究公平感知的影响要素和旅游影响效果,缺乏从纵向角度研究公平感知的时空特征;再者国外多从管理学组织公平的角度研究企业的组织公平,而从社会学角度研究社会、社区、居民的公平感知的较少。

因此笔者认为,从旅游公平感知的角度而言,加强旅游公平纵向和横向的时空特征研究是未来趋势,诸如不同时间节点的感知特征、不同发展模式、不同资源之间游客、居民以及旅游企业的公平感知差异等;旅游公平受到心理和情绪的影响,那么从心理和情绪角度研究游客以及员工的公平感知也应受到关注;基于中国社会公平发展总体环境,加强对旅游社会公平宏观层面的指标体系构建和测量研究也是未来研究的一个重要内容。

2.4 旅游地社区社会资本研究

社区是社会活动、社会关系网络、社区价值规范和社会信任发生的主要场域,是社会领域各方面发生关系网络上的关键环节与纽带,本节重点对社区社会资本展开论述。

2.4.1 社会资本的概念与理论演进

社会资本概念以及形态的发展经历了资本、物质资本、人力资本、文化资本、社会资本、心理资本等演化阶段。

1.社会资本的概念起源

对于社会资本的概念提出,说法不一,Farr(2004)认为社会资本的概念最早出现在汉凡尼的文章中。从经济学的角度而言,社会资本是随着资本这一概念术语和理论变迁而发展起来的。"资本"概念最早出现于经济学研究领域,18 世纪古典经济学家亚当·斯密对资本进行过论述,把资本用作改良土地、购买有用的机器和工具,或用来置备无须易主或无须进一步流通即可提供利润的东西,把资本分为固定资本和流动资本(亚当·斯密等,1974)。此时,人们对资本的理解仅仅局限于物质资本的概念。19 世纪马克思对资本的认识进一步深化,"资本不是物,而是一定的、社会的、属于一定历史社会形态的生产关系,后者体现在一个物上,并赋予这个物以独特的社会性质"(马克思,1956)。马克思对资本的解读不仅仅局限于实体概念,已经从实体概念逐步过渡到非物质性概念。

20 世纪 90 年代,舒尔茨在《论人力资本投资》中提出"人的知识、能力、健康等人力资本的提高对经济增长的贡献远比物质资本、劳动力数量的增加重要得多"(舒尔茨,1990)。以舒尔茨为开端,"人力资本"的概念广泛见于应用,贝克尔(2007)《人力资本》一书,被西方学术界认为是"经济思想中人力资本投资革命的起点"。他们奠定了人力资本理论的基础。

从社会学角度而言,布尔迪厄推进了社会资本概念的认识,提出资本的三种形态,即经济资本、文化资本和社会资本(布尔迪厄等,1997),随着这一概念被广泛应用于社会学领域,社会资本理论出现繁荣景象。Coleman(1988,1990)从宏观社会经济学,Putnam(1993)从政治经济学,林南(2005)从微观个体嵌入型网络资源,Burt(1992)从结构洞,福山(2001)从社会文化和信任等不同角度,对社会资本理论进行了探索和拓展。当前,社会资本的理论被广泛应用于解释民主自治、经济发展、社会与国家治理等领域(燕继荣,2015)。

从目前的研究现状来看,资本理论的概念仍在不断演化、更替,在向心理领域拓展。心理资本是个体在成长和发展过程中表现出来的一种积极心理状态,具体表现为自我效能感、乐观、希望、韧性等(路桑斯等,2008)。心理资本将为资本和社会资本的应用研究打开一个新的领域。

2. 社会资本理论基础

从社会资本的研究历程来看,社会资本理论初期发端于布尔迪厄,发展于科尔曼和帕特南,逐渐向经济、文化和政治领域扩张(卜长莉,2005)。国内外专家与学者从不同角度解释社会资本,形成了不同的流派观点。

(1)布尔迪厄的社会资本观。布尔迪厄的社会资本是一种资源观。布尔迪厄把社会资本当作一种网络资源,指出"社会资本是实际或潜在的资源的集合体,那些资源是同对某种持久性的网络的占有密不可分的"。可以看出,行动者所掌握的社会资本容量,与他实际能动员起来的社会资本幅度以及他所联系的那个社会网络中每个成员所持有的各种资本容量有关。其次他认为社会资本不是天然形成的,经过劳动过程、工作和群体关系中反复协调交往才能形成。"社会资本它是以社会义务联系组成的,这种资本在一定条件下可以转化成经济资本,它是以某种高贵头衔的形式被制度化的。"再者社会资本是社会实践的工具,在特定场域中可以转化经济资本,"资本依赖于它在其中起作用的场,并以多少是昂贵的转换为代价,这种转换是它在有关场中产生功效的先决条件"(布尔迪厄等,1997)。

(2)科尔曼的社会资本观。科尔曼的社会资本是一种功能观。按照社会资本的功能,他把社会资本界定为"个人拥有的资本财产"。"社会资本的定义由其功能而来,它不是单独的实体,而是具有各种形式的不同实体,个体是否拥有资本决定着其行动目标"(Coleman,1988)。"社会资本是无形的,存在于人际关系的结构中,它既不依附于独立的个人,也不存在于物质生产过程之中。"他认为义务与期望、信息网络、规范和有效惩罚、权威关系是社会资本的主要表现形式。社会网络的封闭性、社会结构的稳定性、意识形态、官方认可的富裕及需要的满足影响社会资本的创造。科尔曼认为通过社会结构功能的解读与识别,有助于揭示个体行动者层次的不同结果,有利于实现微观到宏观的过渡(Coleman,1990)。

(3)帕特南的社会资本观。帕特南的社会资本是一种信任、规范和网络。帕特南将社会资本概念引入民主自治当中,他认为社会资本是"社会组织的某种特征,例如信任、规范和网络,它们可以通过促进合作行动而提高社会效率"。社会资本还包括互惠的规范和公民参与网络。信任是社会资本的必不可少的组成部分,社会资本的存量,如信任、规范和网络,往往具有自我增强性和可积累性。一个共同体中,信任水平越高,合作的可能性就越大,而且合作本身会带来信任。普遍的互惠是一种高度生产性的社会资本,它可以把自我利益和团结互助结合起来。良性循环会产生社会均衡,形成高水平的合作、信任、互惠、公民参与和集体福利,它们成为公民共同体的本质特征(Putnam,1993)。

(4)林南的社会资本观。林南的社会资本是一种嵌入的资源观。林南是社会资本研究的集大成者,他从嵌入型的角度,从微观视角系统深入地论述了社会资本的获取和动员。他认为社会资本植根于社会关系中,社会关系会促进或者约束行动者对社会资本的获取和使用。他把社会资本定位为"目的性行动中获取的和/或被动员的、嵌入社会结构中的资源"。其包括三个组成部分:资源、嵌入社会结构中、行动(林南,2005)。

(5)福山的社会资本观。福山的社会资本是一种文化和规范观。弗朗西斯·福山认为国家福利以及参与竞争的能力取决于一个普遍的文化特性,即社会本身的信任程度。不同群体的形成依靠的是信任,而信任是由文化决定的。社会资本是由社会或社会的一部分普遍信任所产生的一种力量。社会资本是通过文化机制诸如宗教、传统或风俗等创造和转化的其他形式的人类财富。"社会资本是一种有助于两个或更多个体之间相互合作、可以用事例说明的非正式规范。构成社会资本的规范可以是朋友之互惠互利的规范"(Fukuyama,2001)。

(6)伯特的社会资本观。伯特的社会资本是一种网络结构观。伯特所研究的是特定社会网络中个体之间的联系以及如何产生资源。伯特把社会资本定义为"与其他玩家的关系。你有朋友、同事以及更多的一般关系人,通过他们你可以获得运用金融资本和人力资本的机会"。社会资本涉及市场生产等式中的回报率,机会在你与同事、朋友和客户的关系中产生,正是它们将金融、人力资本转化为利润。在伯特看来,"结构洞"推动了个人的流动、信息的获得和资源的摄取(Burt,1992),见表 2.5。

表 2.5　社会资本定义

作者及年限	定义	社会资本观
布尔迪厄(1997)	"社会资本是实际或潜在的资源的集合体,那些资源是同对某种持久性的网络的占有密不可分的。"	社会资源观
Coleman (1990)	"社会资本是个人拥有的资本财产。""社会资本的定义由其功能而来,它不是单独的实体,而是具有各种形式的不同实体";"社会资本是无形的,存在于人际关系的结构中,它既不依附于独立的个人,也不存在于物质生产过程之中"。	价值功能观
Putnam (1993)	"例如信任、规范和网络,它们可以通过促进合作行动而提高社会效率。"	信任、规范和网络
林南(2005)	"目的性行动中获取的和/或被动员的、嵌入社会结构中的资源。"	嵌入的网络资源观

续表

作者及年限	定义	社会资本观
Fukuyama(2001)	"社会资本是由社会或社会的一部分普遍信任所产生的一种力量……" "社会资本是一种有助于两个或更多个体之间相互合作、可以用事例说明的非正式规范……"	规范道德观
Burt(1992)	"与其他玩家的关系。你有朋友、同事以及更多的一般关系人,通过他们你可以获得运用金融资本和人力资本的机会。"	网络结构观

3.社区社会资本的概念

社区中的社会资本,是社会资本在社区中的具体化,作为"城市居民的生活共同体",是社会资本伸展的空间(张荣,2006)。社区社会资本作为社会资本的一种形式,是指潜藏于社区结构中并为其中的行动者的行动提供便利的社会资源,包括社区规范、社区信任以及社区网络等(赵廷彦,2008)。它是社区内部的个人和组织在长期的内外互动中形成的,在互惠规则规范下的互利关系(隋文军等,2002),以及信任、互惠、合作关系的总和(王亮,2006)。根据以上分析,本书将采用赵廷彦关于社区社会资本的概念,即社区社会资本包括社区网络、社区信任、社区规范等,这是解决社区集体行动困境的有效路径。

2.4.2　社会资本的层次结构与生成来源

1.社会资本的层次结构

从社会资本的层次来看,布朗(2000)把要素结构和环境划分为微观、中观和宏观三个层次。

微观层面的社会资本称之为嵌入自我的观点。自我通过社会网络(自我包括在内)调动资源的潜力,关注的是在特定的结构情景中的个人结构。林南(Lin et al.,2003)认为在个体层面上,指个人运用社会资本和使用嵌入在社会网络中的资源,获得工具性行动中的回报。个体社会资本强调社会网络资源(网顶、网差),也包含了网络关系(网络规模)和网络结构(网络构成)的观点(边燕杰,2004)。它以关系的形式存在,如亲缘、学缘、地缘、业缘等。

中观层面的社会资本称为结构的观点。强调社会资本特定的网络结构化,该网络中的自我之间联系的定型,以及资源因特殊结构而通过网络流动的方式,关注的是网络结构化的过程及分布的影响(布朗,2000)。它强调个人、企业、团队、社区或者组织等在社会网络结构中所处的位置,调动的资源所产生的回报。它以组织惯例、行为规范、习俗习惯等非正式制度等形式存在。

宏观层面的分析包含结构的观点,讨论社会资本网络包含在政治经济体系中的方式,以及包含在更大的文化或规范体系中的方式,关注的是"外在"文化、政治和宏观经济对网络中社会联系性质的影响、对网络结构的影响,以及对网络构建、变化和转移动力的影响(布朗,2000)。它包括和谐的社会关系网络、规范和信任,更多地包括正式制度关系和制度结构,诸如政府组织、政治体制、市场机制、法律规范、公民自由等。

2. 社会资本的生成来源

从微观层面社会资本的生成与来源来看,Lin(2003)和边燕杰(2004)认为从个体层面而言,层级差异、规模差异、资源差异等是产生社会资本的来源。而罗纳德·S.伯特(1992)认为网络"结构洞"是产生社会资本的来源。

从宏观层面而言,科尔曼(1992)认为社会资本倾向于内生,它与公民的参与紧密相连,它以志愿社团的形式出现,在志愿社团中,信任和互惠被习得然后被概化到整个社会。其次社会资本又是外生的,它植根于文化与传统,是一种准天生的能力,使人们积极地参与社团和组织。弗朗西斯·福山(2003)认为重复的囚徒困境博弈、分等级的权威、宗教、共享的历史经验等是社会资本产生的来源。

Turner(2001)认为在宏观层面,一定数量的人们组织起来满足生产、再生产、管理和协作中基本的和基础性的需要是社会资本的来源;在中观层面,社团单元组织人力资本以及组群单元促生决定一个社会成员待遇地位的社会差别产生社会资本;在微观层面,以面对面互动形式包含在社团和组群单元中的各种社会交往产生社会资本。

2.4.3 旅游地社区社会资本的影响因素与效应

从功能的角度而言,社会资源呈现三种角色,作为一种目标和取向,受到其他方面的因素影响;作为一种工具和手段,社会资本对社区自治、社会管理、社会安全、社会的可持续发展具有重要作用;作为一种中介和调节效应,社会资本在生态收益与居民环保意识、旅游发展与城市可持续发展之间具有明显的促进功能。

1.旅游是创造和影响着社会资本的重要因素

社区社会资本受到个人的宗教信仰、民族构成、家庭结构、家庭收入以及社区等各方面的影响(牛喜霞等,2013;孙以娜,2016)。但是随着旅游业的发展,旅游、休闲活动成为影响社会资本不可忽视的因素。旅游发展影响社区的经济、文化、政治和社会资本(Macbeth et al.,2004)。

旅游是发展社区社会资本的重要手段(Moscardo et al.,2013)。旅游是一种创造和加强人与人之间社会关系的体验,而不考虑种族背景(Mura et al.,2014),它为女性尤其是民族地区的女性社会资本的积累提供了平台和支撑,并影响着女性在民族旅游中的发展和获益程度(陈丽琴等,2016)。旅游对社区社会资本各维度的影响具有差异性,居住类型和参与经营程度对居民的社区社会资本影响感知呈现差序格局(张彦等,2011)。

休闲在社会资本的创建中扮演重要的角色。休闲中的"社会交往特性"构成了社会资本生成与维持的特质,休闲活动的"工具性"构成了社会资本使用的原则(时少华等,2014)。高水平的公民参与和休闲活动可以帮助公民创建和扩展社交网络,更多地参与生产活动,减少了消费活动,会使他们获得双倍的社会资本(Ingen et al.,2009)。诸如以宠物为纽带,参加宠物公园的游览活动,积极的互动关系和兴趣可以为信息分享、集体行动和整合提供机会,进而拓展宠物主人的社交网络,并获取社会资源(Graham et al.,2014)。在社区中开展民间"转灯"仪式,能够加强居民之间的交往与沟通,有利于提高居民的参与、合作水平和自组织能力,从一定程度上弥补社会资本缺失所造成的影响(奂平清,2003)。社区中的体育旅游活动能够对社区产生一种刺激作用,举办体育旅游节庆和相关旅游活动,可以帮助社区发展信任、促进开放和尊重不同个人和群体,从而构建社区社会资本(Jamieson,2014)。

发展社会资本就是发展旅游与社区之间积极的关系,当地协会和社区参与是关键因素(Wilson et al.,2005)。社会资本作为社区前进车轮的润滑剂,它的存量与公民参与存在高度相关性。社区参与旅游业增加了结构性社会资本的形式与内涵、促进纽带性社会资本与外界联系频率,提升和丰富了社区桥梁式社会资本层次和类型(李菁,2012)。在民族地区,旅游发展背景下的农民组织化可以提高民族地区自我发展的能力,能总体上提高少数民族地区的社会资本存量,同时使农民个体获得较为公平的发展机会(李乐京等,2014)。

2. 社区社会资本的影响效应

作为前因变量或者影响因素的社会资本,对社区的自治和发展能力、社区居民参与、社区居民的健康、社区居民的环保与生态意识、社区可持续发展起着至关重要的作用。

社会资本理论在中国城市社区治理研究中是一个富有价值的解释性框架。社会资本与社区治理在内涵上有耦合之处,相互依存,相互制约(陈华,2005)。目前我国社区建设中存在许多失谐现象,一个重要原因就是社区社会资本的缺失(赵廷彦,2007)。从社区的层面而言,社区社会资本有利于社区民主运转,有利于社区内的信任与合作(李妮,2008),有利于提高社区的治安水平(袁振龙,2009),增强公共危机管理的能力和灾害治理能力(李楠,2009)。

社会资本的发展、培育与社区旅游治理是一个协调系统(陆奇斌等,2015)。"社会网络"与"等级制度"构成了旅游社区较为完整与稳定的社会结构,确保了行动者在社区治理中的主体地位(郭凌等,2015)。社区的社会资本要素(规范、信任和网络)的强度影响了当地人民控制或影响农村旅游业增长的具体结果的能力(Park et al.,2012)。社区规范诸如乡规民约在处理矛盾中确立了社会规范,保证了每个家庭平等地参与旅游业的权利,同时也在很大程度上消除了村民参与旅游发展的无序和恶意竞争,而且使得所有村民在利益分配上感觉比较公平合理。在社区中社区成员的社会资本水平在居民冲突管理中是一个重要因素,社区精英是社区治理的中坚力量(尚前浪等,2016)。

社会资本是旅游社区居民能力提升的工具和手段,改变着居民的旅游意识,影响着居民支持旅游发展的态度与行为。社会资本对旅游从业者职场的形成与发展具有重要作用,社会资本的差异会导致社会差距的进一步拉大(陶伟等,2013)。贫困的重新定义不仅仅是缺乏收入,更是缺乏社会资本聚集的"功能",作为金字塔底层的居民要保留现有社区的社会资本,提高社区和其他资源中更丰富的网络,诸如通过跨国企业的驱动,通过纽带型社会资本扩散和桥接型社会的转移能力,进而实现社区旅游增权(Ansari et al.,2012),如图 2.10 所示。

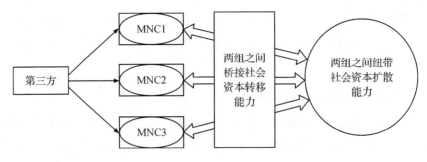

图 2.10　社会资本促进社区发展

数据来源：Ansari 等(2012)。

外部组织链接互动对于提供信息、资源和知识是必要的,这些都是社区发展中需要考虑的重要因素(Claiborne,2010)。

社会资本作为推动地方旅游活动成功的关键机制,在不同的阶段都可以被视为一种重要的手段(Pongponrat et al.,2012)。在社区参与意识方面,集体行动、规范认同和共同目标、信息共享显著影响社区参与意识与参与行动(董茜,2016);居民拥有的社会资本对旅游发展的支持态度有积极作用(范莉娜等,2016)。当然要辩证看待社会资本的价值和功能,社会资本也具有负面作用,与桥接式社会资本相比,纽带式社会资本在促进旅游业发展方面作用稍弱,纽带式社会资本会对社区的团结一致起到一定的负面影响(李菁,2012)。

(1)社会资本有助于增强社区成员情感互动功效与健康体质。社区社会资本与老年人健身参与具有显著的相关性,并且这种相关是双向相关,如果一个社区的社会资本越高,其社区内老年人的健身参与情况也越好;同时如果一个社区内老年人的健身参与情况较好,也可以提高社区的社会资本(李紫荧,2014;任波,2012)。社会资本的网络结构对旅游休闲活动没有直接的影响,只有通过群体组织建立的信任和规范才能显现出积极和间接的影响,群体组织需要在集群成员之间建立共识,建立互惠规范,建立社会资本和共享资源,以加强旅游休闲活动(Li,2011)。

(2)社会资本促使居民提升环保意识。社会网络以社会资本的形式在积极参与生态旅游活动中扮演重要角色(Chan,2015)。情感连带、群体规范对旅游者环境维护行为意愿、环境促进行为意愿均具有显著的正向影响;人际信任对环境维护行为意愿具有显著的正向影响(李秋成,2015;李秋成等,2014)。虽然较高的社会资本促进生态环境保护,但生态环境很容易受到侵蚀,环境保护的集体行动在一定程度上需要结构性和认知社会资本共同作用(Jones，2005)。

(3)社会资本是社区可持续发展的核心要素。社会资本是旅游精准扶贫的核心资源(丁德光，2016)，对乡村民营旅游经济实体的创办具有影响作用(李星群等，2009)。在一定资源环境、区位交通因素限定的背景下，社会网络资源、文化习惯传统、组织及制度特征等构成的乡村区域社会资本，影响着乡村旅游产业在特定区域的集聚演化(刘传喜等，2015)。

一个社会网络不仅能使个人受益，而且也是社区的一个基本价值创造者。社会网络和其他社会资本类型关系在提高共享规范、信任和理解方面有着重要的相互作用，这反过来促进了参与和协作，以实现共同利益和可持续发展(Attama et al.，2012)(见图 2.11)。因此，以社区社会资本的培育为工作切入点，增强贫穷社区居民间的互助，增强社区居民对社区的归属感，和谐社区和可持续发展的构建才具有实践的可能(张荣，2006)。

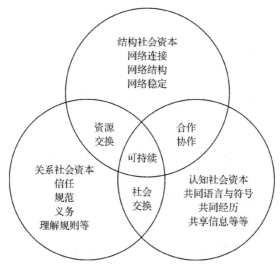

图 2.11　社会资本与乡村可持续发展关系

数据来源：Attama 等(2012)。

3.社区社会资本的调节效应

社会资本不仅具有作为前因变量的影响效应，而且在企业绩效、企业家知识获取方面具有明显的调节作用。

社会资本在企业发展中的调节作用。首先，社会资本影响着企业家导向以及知识的获取。企业间网络连接、关系信任和共同愿景均以社会资本的方式分别调节企业家导向与企业间知识获取之间的关系(高展军等，2011)。其次，社会资本影响着企业安全与绩效，网络强度和信任对风险分担与工程项目管理绩效关系间的调节效应更为显著(柯洪等,2014)。对于中国的跨国公司而言,社会资本减弱了管制距离对知识转移效果的影响(陈怀超等,2014)。而且社会资本影响着员工的积极状态,社会资本与心理资本、人力资本能对员工绩效、组织承诺产生协同作用,重视员工的社会资本与心理资本,并协同开发这三种资本,可以提高员工绩效,减少员工流失率(田喜洲等,2013)。

在社区和乡村、城市旅游发展方面,社会资本具有以下几个方面的调节和中介效应。第一,社会资本既可为弱势群体提供有益的资源,也可作为一种约束机制,促进职业发展中的性别差异(Lutter,2015)。第二,在生态旅游收益与居民环保意识之间具有完全和部分中介作用,并具有明显的调节作用。(肖悦,2009;刘静艳等,2011)。第三,社会资本塑造了居民对旅游发展的响应方式,社区成员中较高的社会资本并不总是令人满意的,因为这并不能改善支持旅游的态度。只有当社会资本的负面影响得到承认和管理,社区才能建立起有利于农村旅游业可持续发展的方式(Park et al.,2015)。随着城市社会资本的不断增强,城市旅游的发展与城市可持续发展的关系也得到加强,社会资本在城市旅游发展与城市可持续发展之间具有明显的调节作用(Rezazadeh、Zehi、Rad,2016)。

2.4.4　旅游地社区社会资本的维度测量与方法

1.社区社会资本的构成要素

社会资本的构成要素可以从社会资本的定义和概念中提炼。义务与期望、信息与关系网络、规范和有效惩罚、权威关系被看成社会资本的构成要素(Coleman,1990);规范和信任、公民参与网络作为社会资本的基本要素是解决集体行动困境的方案(Putnam,1993)。诚信、网络、正式和非正式的规则或制度是社会资本的基本形式,信任是集体行动的桥梁,他们是一种解决集体行动问题的方式(Ostrom et al.,2009)。信任、组织网络、文化价值和规范作为社会资本的要素,是推动国家经济繁荣的动力(Fukuyama,2001)。而从集体社会资本的概念和定义来看,集体社会资本可以分为几个基本的结构要素,分别是信任、公共参与和社会连接、社会网络结构、社会规范等(张文宏等,2007)。学术界基本上对社区社会资本的构成要素达成一定共识,即社区关系网络、规范与信任(黄建宏,2009)。

2. 社区社会资本的维度测量

社会资本的测量是一个技术型难题,是社会资本研究中的关键问题之一。基于社会资本的概念本身就引来了很多争议的话题,而其测量也引发了不同层次的测量认知和测量方式。

从微观社会资本的测量而言,林南(1991)从个体微观层面对社会资本测量进行了开创性研究。在社会资本本土化的研究中,边燕杰(2004)从社会网络资源(网顶、网差、网络关系、网络结构)的角度研究了中国居民的个人社会资本存量以及差异;张文宏等(1999)从社会网的规模、关系构成、紧密程度、趋同性、异质性等几个方面分析了农村居民人际交往网络的基本情况,认为亲缘关系、业缘关系、友谊关系和地缘关系在社会网中有相当重要的作用。赵延东(2006)从个人的网络规模、网络密度和网络资源方面,就西部城乡居民的社会资本测量做了积极探索。

在宏观社会资本测量方面,Putnam(2000)从社区组织生活、参与公共事务、对非正式组织的社会性、社会信任等方面进行了开创性研究。Groot-aert 等(2004)从组织联系、集体行动、参与公共事务、社会支持、社会凝聚力、归属感、信任和互惠 7 个方面,构建了社会资本测量指标体系。赵延东(2006)使用了信任量表和参与量表,测量了个人对制度、陌生人和熟人的信任以及对社会组织和活动的参与的影响情况。胡荣(2006)从社团、社区认同、社区信任、选举制度等方面深入分析了社会资本和其他因素对村民参与村级选举的影响。方然(2010)在社会资本中国本土化测量研究中,综合社会网络、规范、信任建立了中国本土化的社会资本的测量体系。裴志军(2010)从普遍信任、规范信任、正式网络、非正式网络、共同愿景与社会支持 6 个维度构建了区域社会资本测量指标体系。

介于宏观社会与微观个体之间的中观社会资本一直是研究的重点。但是社区社会资本的测量也同样面临着概念不一、指标多样等技术难题,缺乏系统的测量体系。在测量集体层面社会资本时,研究者使用的指标多集中于信任、公共参与、社会联结和社会规范几个方面(赵延东,2006)。

在国外,社区社会资本的测量几乎与社会资本的概念发展同步。Loch-ner 等(1999)对社区社会资本的测量进行了较早的研究,他认为社会资本主要包括集体效能、社区心理意识、社区凝聚力、社区能力 4 个方面;而后 On-yx、Bullen(2000)在澳大利亚社区实证的基础上提出社区社会资本应该包括社区参与、社会能动性、信任和安全、邻里联系、朋友和家人之间的联系、对差异的容忍度、个人价值、工作联系。Narayan 等(2001)认为,社会资本的测量指标应该包括参与社团、一般规范、和睦相处、日常社交、邻里联系、志愿主义、信任。从目前来看,纳拉扬(Narayan)的指标体系具有较高的认同度。

Deth(2003)从结构和文化的方面对社会资本进行了系统分类和研究。结构方面包括社会网络、协会或志愿者成员身份、工作合作、朋友关系、家庭纽带等测量指标;文化方面包括信任、规范与价值观等。他又把信任分为个人信任、自信、互惠、社会信任,把规范和价值分为民主方向、一致性和团结、宽容、义务。从测量维度和指标来看,这一指标体系更有包容性,但是其内容基本延续了社区社会资本的基本概念范畴,即社会网络、信任和价值规范。Harper 等(2003)从社会参与、公民参与、社会网络和社会支持、互惠、信任 5 个维度对社会资本进行了测量。

Kawachi(2004)梳理了 33 篇文献,测量维度包括:(不)信任、社团参与和组织、(缺乏)社会支持、志愿活动/志愿主义、互惠、非正式社会控制、社区凝聚力、社区归属感。其中非正式社会控制是一个争议的指标,在少数研究中,还采用了一些不属于社会资本的指标,如参加投标等事务。Silva(2005)综合分析了 28 篇文章发现,社会资本的测量包括 8 个主要维度,它们分别是信任、社会凝聚力、社区归属感、社团参与、社会网络、社会支持、参与公共事务以及家庭社会资本。Kuljukka 等(2006)从志愿者协会、自我效能、信任、社会网络等几个方面对社会资本进行了测量。Harpham(2008)认为社区社会资本应该包括网络、社会支持、信任、互惠以及非正式社会控制。从国外社区社会资本测量指标的构建来看,更加注重前期指标的梳理、甄别、删选和借鉴,指标的构建和测量更具有科学性。

在国内,基于社会资本是一个新兴概念,社会资本的测量相对国外而言起步稍晚,但也取得了大量的研究成果。隋广军等(2002)构建了城市社区社会资本的测量模型,认为城市社区社会资本可通过社区的参与、信任和安全感、邻居间的联系、家庭的联系、社区规范、社会价值观等方面进行综合考察。从梳理的相关文献来看,这是国内较早对社区社会资本进行测量的指标体系,基于中国传统文化结构的因素,与国外相比,中国社区社会资本的测量融入了家庭联系和邻居间的联系等指标。桂勇等(2008)对社区社会资本的构建进行了有价值的探索,在回顾现有文献的基础上,提出了一种社区社会资本多元维度的测量方法,并发展出 7 个维度的具体测量指标,分别是地方性社会网络、社区归属感、社区凝聚力、非地方性社交、志愿主义、互惠与一般性信任和社区信任。此测量指标体系成为国内社区社会资本测量指标构建的参考基础和依据。罗家德等(2014)在中国乡村社区的环境中建构了包括关系、结构与认知 3 个维度的社区社会资本测量模型。方琴等(2014)从"社区感""非正式社会互动""互惠与支持""参与社区社会组织"与"社区关系网络"5 个方面测量了社区社会资本,并根据社会资本的形态,运用聚类分析将城市社区分为 6 种类型。社会资本测量维度见表 2.6。

表 2.6　社会资本测量维度与指标

作者及年份	测量指标	维度数量
Lochner 等(1999)	集体效能、社区心理意识、社区凝聚力、社区能力	4
Onyx 等(2000)	社区参与、社会能动性、信任和安全、邻里联系、朋友和家人之间的联系、对差异的容忍度、个人价值、工作联系	8
Narayan 等(2001)	参与社团、一般规范、和睦相处、日常社交、邻里联系、志愿主义、信任	7
Harper 等(2003)	社会参与、公民参与、社会网络和社会支持、互惠、信任	5
Deth(2003)	社会网络、信任、价值规范	3
Kawachi 等(2004)	(不)信任、社团参与和组织、(缺乏)社会支持、志愿活动/志愿主义、互惠、非正式社会控制、社区凝聚力、社区归属感	8
Silva (2005)	信任、社会凝聚力、社区归属感、社团参与、社会网络、社会支持、参与公共事务以及家庭社会资本	8
Kuljukka 等(2006)	志愿者协会、自我效能、信任、社会网络	4
Harpham (2008)	网络、社会支持、信任、互惠以及非正式社会控制	5
隋广军等(2002)	社区的参与、信任和安全感、邻居间的联系、家庭的联系、社区规范、社会价值观	6
桂勇等(2008)	地方性社会网络、社区归属感、社区凝聚力、非地方性社交、志愿主义、互惠与一般性信任、社区信任	7
裴志军(2010)	普遍信任、规范信任、正式网络、非正式网络、共同愿景与社会支持	6
罗家德等(2014)	关系、结构与认知	3
方琴等(2014)	社区感、非正式社会互动、互惠与支持、参与社区社会组织、社区关系网络	5

3.旅游社区的社会资本测量

在旅游社区的社会资本测量中,主要以 3 个维度测量为主。Li(2011)、时少华(2015)对社区规范认同与价值观、社区信任、社区人际关系进行了测量;李星群等(2009)从认知社会资本、结构社会资本、关系社会资本的角度进行测量;刘枫(2015)从熟悉度、信任、感知相似性 3 个方面进行了测量;何敏(2012)从社区沟通交流度、居民间信任度、社区内互助力度 3 个维度进行了测量;刘静艳等(2011)从融洽关系、居民信任、社区内不存在冲突等 3 个方面进行了测量。Park 等(2012)、Park 等(2015)在社区规范、信任和社会网络的基础上,增加了相互合作维度,从 4 个方面进行测量。董茜(2016)则从集体行动、信任、规范认同和共同目标、信息共享 4 个方面进行了改进。张彦与于伟(2011)在社区关系网络、社区规范、社区信任的基础上增加了社区归属感、志愿精神;陈晓红(2013)和刘小萍(2012)分别从 6 个维度和 7 个维度进行了多角度测量,他们以民族地区为研究对象,考虑民族地区的特殊性,增加了社会民族认同感和互惠等要素(见表 2.7)。但是总体而言,在旅游社区的社会资本测量方面,社区关系网络、社区信任、社会规范作为主要测量维度具有普遍共性和一致性。

表 2.7 社区旅游研究中的社会资本维度及测量方法

作者及年份	结构维度	研究对象	测量方法
Li(2011)	3 个维度,18 个测量项:社会网络、信任和规范	居民休闲活动	问卷调查的方法 结构方程模型
李星群等(2009)	3 个维度,25 个测量项:认知社会资本、结构社会资本、关系社会资本	乡村旅游	问卷调查 统计分析
时少华 (2015)	3 个维度,10 个测量项:社区规范认同与价值观、社区信任、社区人际关系	居民参与	结构方程模型
刘枫(2015)	3 个维度,12 个测量项:熟悉度、信任、感知相似性	虚拟社区	结构方程模型
何敏(2012)	3 个维度,3 个测量项:社区沟通交流度、居民间信任度、社区内互助力度	民族地区扶贫	结构方程模型
刘静艳等 (2011)	3 个维度,3 个测量项:融洽关系、居民信任、社区内不存在冲突	社区居民生态意识	因子分析 回归分析

作者及年份	结构维度	研究对象	测量方法
Park 等 (2012)	4 个维度,17 个测量项:合作、规范、信任和社会网络	乡村旅游社区	多元回归分析法
董茜(2016)	4 个维度,13 个测量项:集体行动、信任、规范认同和共同目标、信息共享	地质公园,居民参与	结构方程模型
Park 等(2015)	4 个维度,17 个测量项:合作、规范、信任和社会网络	乡村旅游社区	结构方程模型
张彦等(2011)	5 个维度,24 个测量项:社区关系网络、社区规范、社区信任、社区归属感、志愿精神	城市旅游	结构方程模型
陈晓红(2013)	6 个维度,23 个指标:社会网络、社区归属感、社区凝聚力、社会互动、社区互惠、社区信任	民族旅游社区妇女	实证分析,回归分析
刘小萍 (2012)	7 个维度,31 个测量项:人际信任、规范信任、社区参与、社区归属感、互惠、网络、民族认同感	民族旅游	实证研究,回归分析

2.4.5　旅游地社区社会资本的结构模型

目前旅游地社区社会资本结构模型主要分为 2 个类型:一是社会资本作为前因变量,探讨社会资本对参与意识和参与行为的影响。二是以社会资本为调节变量,探讨社会资本的调节和中介效应。

1. 社会资本作为前因变量的结构模型

董茜(2016)运用结构方程模型以集体行动、信任、规范认同、信息共享等社会资本要素作为前因变量,以参与意识和参与行为为结果变量,构建了地质公园社区居民参与模型,探讨了社会资本对居民参与行为与意识的影响。时少华(2015)运用结构方程模型,基于社会资本理论,以社区规范认同与价值观、社区信任、社区人际关系为前因变量,以居民参与意识为中介变量,以社区旅游收益分配参与度、社区旅游决策参与度、文化保护参与度为结果变量,构建了社会资本参与意识影响居民参与的模型。

2. 社会资本作为调节变量的结构模型

刘静艳等(2011)以生态旅游收益为前因变量,以社会资本(规范、信任、社会网络)为调节变量,以社区居民环保意识为结果变量,构建了社会资本调节生态旅游收益与居民环保意识的结构模型(见图2.12)。

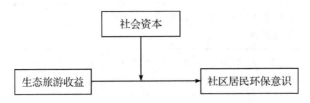

图2.12 社会资本与居民环保意识的关系

数据来源:刘静艳等(2011)。

Park等(2015)以正面的社会经济影响、正面的环境影响、负面的环境影响为前因变量,以社区满意度为中介变量,以乡村旅游发展支持态度为结果变量,以社会资本(合作、规范、信任、社会网络)为调节变量,构建了乡村旅游发展支持态度模型(见图2.13)。

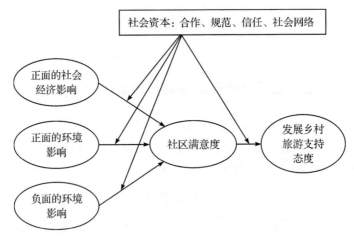

图2.13 社会资本对乡村旅游发展支持态度的调节模型

数据来源:Park等(2015)。

2.4.6 旅游地社区社会资本的研究不足与趋势

从研究内容来看,社会资本的概念、理论、测量方法和模型已广泛应用于旅游目的地社区、旅游产业、旅游企业、游客以及虚拟社区的研究中,社会资本与旅游领域的融合,将对旅游目的地社区的研究创新产生催化作用。从研究方法上来看,定量研究与定性研究成果交相辉映,相得益彰。以案例研究、实证研究、田野调查等为基础的质性研究与定量数据模型研究方法相结合,将推动旅游目的地社区旅游研究向着更加规范和科学化的方向发展。

当前旅游目的地社区社会资本的研究呈现以下几个方面的不足。首先是旅游社区社会资本的概念不统一,不同的学者从不同研究背景和视角对社会资本进行了定义,在一定程度上存在社会资本概念泛化和滥用倾向;其次是旅游社区社会资本评价指标体系不健全,当前尚未形成一个被广泛认同的、具有普世价值的、科学规范的测量体系;再次是旅游社区社会资本的本土化、系统化的研究有待深化,基于中国"关系本位"的历史与文化特征,结合中国旅游社区发展现实,将社会资本的研究概念化、理论化、本土化是亟待解决的问题;最后,学者在运用社会资本理论的研究中,更多关注社会资本的正向影响,而缺乏社会资本对目的地旅游社区的消极功能的研究。

旅游地社区社会资本的研究趋势主要有:第一,基于中国人情社会的关系化特征,建构科学完善的本土化旅游社区社会资本测量、评价指标体系;第二,进行前因变量、中介变量和结果变量的定量化研究;第三,在关注旅游地社区社会资本的同时,结合社区旅游发展,研究居民的心理资本、社会资本、经济资本的共同作用。

2.5　旅游地居民支持态度研究

2.5.1　居民支持态度的概念

态度是一种心理倾向,既是人的内在体验,又是人的行为倾向。人们在相互交往及认识客观事物时,前期总有着心理活动的准备状态,总是对人或事事先抱有某种积极肯定或者消极否定的反应倾向。这种心理准备状态经过长期、持久的认知、判断、比较和鉴别,最终形成态度。态度具有评价性,而且对行为具有不同的指导性和驱动影响,并支配、影响和决定着人的行为。一般而言,态度是潜在的,行为是显性的,行为是态度的外在表现,态度是行为的内在驱动。态度的心理结构一般包括认知、情感和行为三种成分。认知成分是个体对态度对象的真假、好坏带有评价意义的笼统认识,内容包括个人对某个对象的认知、理解、评价以及赞成或者反对。情感成分是指个人对于态度对象的情感体验,如尊敬与轻视、同情与挑剔、喜欢与厌恶等。

行为成分是指个人对态度对象的反应倾向,准备对态度对象做出的某种反应(杨杰,2008)。

居民旅游支持态度,是旅游地居民对旅游经济、社会文化、环境影响感知上的一种积极评价和反应倾向。从目前关于旅游支持态度的研究来看,国内外的研究大都把态度结果变量分为两种形式,一种是支持态度或者支持度,一种是行为意向。这两种表述没有本质差别,多以居民对旅游经济、社会文化、地方归属感、地方认同、旅游增权、旅游公平感知的现状调查、测评等,来分析居民对旅游发展的积极或者消极态度与行为。

2.5.2 居民支持态度模型

1.国外关于居民支持态度的模型研究

Brougham 等(1981)提出了一种游客与居民关系的模型。模型以社区居民的态度和行为为维度进行交叉汇编,根据组合结果把居民分为 4 种类型:积极促进与支持游客的活动、沉默接受及支持游客的活动、积极反对游客的活动、沉默接受但反对游客的活动。Gursoy 等(2002)基于居民对社区关注度、社区情感依赖、生态环境敏感度、资源基础使用度、利益感知、成本感知、旅游支持度等结构变量构建了居民支持度模型。Dyer 等(2007)基于社会交换理论,通过调查澳大利亚阳光海岸居民对旅游业影响感知,分析了居民对旅游积极、消极影响的感知与其对旅游发展所持态度之间的关系,并建立了影响感知与态度关系模型。Nunkoo 等(2011)以旅游机构信任、旅游影响力、社区环境为前因变量,以旅游利益感知、旅游成本感知、旅游满意度为中介变量,构建了支持旅游业发展模型。Tsunghung (2013)以社会归属感,社区参与、利益感知和成本感知,可持续发展支持为结构变量,构建了居民可持续发展支持度模型。Nunkoo 等(2015)运用社会、经济、文化影响,旅游知识,旅游权利,政府信任,旅游负面影响,旅游正面影响,旅游支持 7 个变量,构建了居民支持态度的可替代模型。Boley 等(2014)以心理增权、政治增权、社会增权、经济收益、收益正向或负向感知、居民支持旅游发展的态度为结构变量,构建了社区旅游增权对居民支持态度的影响模型。

2.国内关于居民支持态度的模型研究

许振晓等(2009)基于"地方感""期望理论"两个基本理论,从旅游核心社区居民地方感、旅游发展期望、旅游发展获益感知、旅游发展成本感知以及旅游发展支持度五个结构变量出发,通过引入旅游发展期望值作为中介变量,构建了居民地方感对旅游发展支持度内部影响机制的理论模型。汪德根等(2011)基于地方感、可持续发展、居民参与以及利益相关者等理论,选择"地方感""环境态度""参与度""居民感知"和"支持度"5 个结构变量,构建了影响旅游地居民支持度的结构关系模型,深入探讨了不同生命周期阶段旅游地的居民支持度的影响机制。王咏等(2014)依据社会交换理论,选择"社区参与度""居住区条件""对旅游机构信任度""旅游利益感知""旅游成本感知""社区满意度"和"旅游支持度"7 个结构变量,构建了社区旅游支持度测度模型,以黄山风景区的 4 个门户社区为研究案例,对该模型进行了检验。刘静艳等(2016)以经济增权、社会增权、政治增权和心理增权为前因变量,以结果公平和程序公平为中介变量,构建了增权与可持续发展支持态度之间的关系模型。范莉娜等(2016)以社会资本和地方感为理论基点,从社区中"人－人"关系和"人－地"关系入手,探索社会资本与地方感,将其作为积极支持旅游态度的前导因素,构建了居民对旅游业的支持态度模型。

综合以上分析,居民旅游支持态度的影响因素具有多维性,研究方法具有多样性。但是,目前从旅游增权、公平感知、社区社会资本等三个层面系统研究居民旅游支持态度的关系与理论模型的成果相对较少。本书将从旅游增权、公平感知、社会资本、居民支持态度几个方面构建研究理论模型。

2.6　研究假设

2.6.1　社区旅游增权对居民旅游支持态度的影响关系

1.经济增权

Madrigal (1993) 指出旅游和经济之间有着积极的正向关系。Scheyvens(1999)认为对旅游经济利益的关注应该放到经济增权上,经济增权对旅游业发展的成功更具有价值,因为旅游业给社区带来更为持久和广泛的经济收益。陈志永 (2009)在对民族村寨社区旅游增权的调查中发现,经济增权是旅游增权的基础。Boley 等(2014)将个人旅游经济收益视作影响居民对旅游业态度的经济增权要素。

2. 心理增权

在旅游发展的背景下,心理增权强调了旅游提高居民自豪感和自尊感的潜在力量（Scheyvens,1999）。Boley 等（2014）认为当地居民为游客提供独特体验经历的心理感受增强了居民的自尊,让他们感觉到自己有重要的技能和资源与游客分享。Stronza 等（2008）研究发现当地居民在旅游业中收到最大的好处是社区居民有了更强的自豪感。Woosnam 等（2009）研究发现旅游提升居民自豪感与自尊感,对居民旅游收益和成本感知有直接影响。Chiang 等（2012）认为组织支持和心理赋权都对组织公民行为产生积极的影响。Boley（2014）等人最近的研究指出与心理赋权相关的自尊和自豪对居民的旅游支持态度产生了直接和积极的影响。

3. 社会增权

Perkins 等（1995）认为社会增权可以提升社区生活质量和改善社区组织关系。社会增权可以描述为将社区团结起来,形成一个整体（Scheyvens,1999）。强调社区凝聚力和社区成员之间的协助,这对当地经济发展至关重要（Kay,2006）。Bole 等（2014）把社会增权描述得更为具体,认为是通过旅游业增加社区居民之间的联系。

4. 政治增权

Rappaport（1987）认为政治增权是增权的重要维度。政治增权是指人们认为自己拥有利用社会和政治资源的动力与能力,具有政治权利的个人意识到他们可以获得资源,并对能够实现结果有一定的预期（Zimmerman et al.，1991）。Sofield（2003）认为旅游增权需要制度性框架,Cole（2006）指出信息是实现居民参与决策的有效路径,Farrelly（2011）认为强化旅游决策告知以及把知识输送给居民对居民参与决策尤为必要,左冰（2012）认为社区参与最真实的形式是政治分权。

Boley 等（2014）认为心理增权、社会增权、政治增权和个人经济利益影响着社区支持行为。王会战（2015）认为社区居民旅游经济增权感知与其参与旅游意愿之间存在显著的正相关关系。李瑞等（2016）认为居民社区增权感知与居民社区去权感知可以透视旅游地居民参与旅游主体地位的有效性。Ahmad 等（2015）研究表明通过权力下放,改善参与和能力建设的社区赋权机制,可以促进社区旅游可持续发展。根据以上研究,提出假设如下:

假设 1　社区旅游增权对居民旅游支持态度有显著影响；

假设 1-1　旅游经济增权对居民旅游支持态度有显著正向影响；

假设 1-2　旅游心理增权对居民旅游支持态度有显著正向影响；

假设 1-3　旅游社会增权对居民旅游支持态度有显著正向影响；

假设 1-4　旅游政治增权对居民旅游支持态度有显著正向影响。

2.6.2　社区旅游增权对居民公平感知的影响关系

权利在旅游业中可以被定义为个人做出影响他们生活的决定的能力（Johnson 等，2000）。要切实突破社区居民旅游收益分配不公的问题，必须深入权力来源的层面（唐冰等，2014）。Akama（1996）认为旅游增权可以提高居民参与的积极性，有利于平衡各方要求，实现新的权力关系平衡。Scheyvens（1999）认为旅游增权可以促进社区均衡发展。Smith 等（1999）指出公平是为了实现成本与收益分配的均衡，促进交互的公正。Nunkoo 等（2012）研究发现公民在旅游决策中的权利与旅游机构的信任之间存在着直接的正向关系。岑琳（2014）研究发现心理授权对游客公平感知有显著影响，游客的控制权与游客感知的结果公平成正相关关系。马东艳（2015）认为旅游增权对社区参与和公平感知均具有显著的正向影响。刘静艳等（2016）认为社区增权的 4 个维度显著影响居民公平感知。根据以上研究提出以下假设：

假设 2　社区旅游增权对居民公平感知有显著正向影响；

假设 2-1　旅游经济增权对公平感知有显著正向影响；

假设 2-2　旅游心理增权对公平感知有显著正向影响；

假设 2-3　旅游社会增权对公平感知有显著正向影响；

假设 2-4　旅游政治增权对公平感知有显著正向影响。

2.6.3　居民公平感知对居民旅游支持态度的影响关系

居民公平感知是从利益公平视角来考察居民旅游影响感知的。Shaw 等（1982）研究发现，人们遭受不公平对待达到一定程度，便会产生被剥夺的愤怒感。刘好强（2014）也证实了旅游公平的提高可以显著地降低社区居民的社会排斥感和组织报复行为。岑琳（2014）证明游客公平感知对游客满意度起到显著正向作用。谭红娟（2015）研究发现居民的公平感知对旅游发展支持度有显著的正向预测作用。胥兴安等（2015）研究发现分配公平、程序公平和互动公平分别对社区参与旅游发展具有正向影响,在互惠互利原则下,为了回报这种公平对待,居民会对社区旅游发展表现出更高的参与热情。刘静艳等(2016)认为旅游公平感知是促进旅游可持续发展的有效途径。根据以上研究提出以下假设:

假设 3 居民公平感知对居民旅游支持态度有显著正向影响。

2.6.4 居民公平感知在旅游增权对居民旅游支持态度影响之间的作用

Ehrhardt 等(2012)利用香港本地雇员的样本研究发现分配、程序和互动公平感知在国家身份与规范性承诺之间具有中介作用。Lee 等(2010)认为组织公平(分配公平和程序公平)在领导成员交换与员工离职意图之间具有中介作用。Huang 等(2012)研究发现互动公平在道德领导和善意领导与上级领导的信任关系之间具有中介效果。Khan 等(2013)研究发现程序正义在变革型领导与组织承诺之间具有中介作用。岑琳(2014)发现游客公平感知在心理授权与游客满意之间具有部分中介作用。刘静艳等(2016)认为公平感知在社区增权和可持续发展支持影响关系间起中介作用。根据以上研究提出以下假设:

假设 4 居民公平感知在旅游增权对居民旅游支持态度影响之间具有中介作用

假设 4-1 公平感知在心理增权对居民旅游支持态度影响之间具有中介作用;

假设 4-2 公平感知在社会增权对居民旅游支持态度影响之间具有中介作用;

假设 4-3 公平感知在政治增权对居民旅游支持态度影响之间具有中介作用;

假设 4-4 公平感知在经济增权对居民旅游支持态度影响之间具有中介作用。

2.6.5 社会资本在旅游增权对居民公平感知、居民支持态度影响之间的作用

社交网络。社交网络可以被归类为个人或团体之间的非正式和正式的联系(Baum et al.,2003)。非正式的社交网络是朋友和家人之间的纽带

（McGehee，2002）。正式的网络是通过正式组织和协会发展起来的纽带（Baum et al.，2003）。这些"强大"的网络纽带会产生信任，并加强集体行动，从而共享信息、知识和资源（Coleman，1990），并通过现有的规范、义务、规章和共享信息来改善社区的可持续发展能力，从而增进彼此之间的信任和相互理解（Attama et al.，2012），促进参与和协作以实现共同利益（Ecclestone et al.，2003）。Dolan（2008）认为社会支持、社会公正和社会资本是社区的三个重要组成部分，三者之间相互影响、相互作用，共同促进社区发展。

社区信任。"信任恰如润滑剂，它能使任何一个群体或组织的运转变得更加有效"（福山，2002）。Newton（2002）指出信任是一个有争议的概念，它与相互性、互惠、尊敬、团结、宽容、互助等术语意思接近。政治信任对良好的治理非常重要，机构的经济和政治表现、居民的旅游能力和个人间的信任是旅游机构政治信任的决定因素（Nunkoo et al.，2012）。当社会成员之间有更高层次的普遍信任时，他们通常能够以更低的成本来解决集体行动问题（Tye et al.，2009）。在一个普遍的信任感较强、人们愿意在信任和互惠的基础上从事社会活动的社区中，交易成本无疑要小得多，社区治理也会更有效率（姜振华，2005）。

社区规范。Ostrom（2014）认为规范就是人类致力于建立秩序和增加社会影响的可预测性的努力结果，规范能够给个体或者集体带来福利。Petrić等（2007）认为社会资本包括正式和非正式的规则和规范。在克罗地亚地区社区资本弱化，成为社区增权的一个关键障碍。郭文（2010）证实发现民族地区村民按照一定的契约和顺序参与旅游开发，制定的一整套规范使村民利益共享成为可能，基本实现了经济增权、政治增权、心理增权和社会增权，保证了公平分配。刘静艳等（2011）证实社会资本越高，居民的环保意识越强。Ahmad等（2015）认为社区意识在社区赋权对项目可持续发展的影响关系之间具有调节作用，通过正式社区团体的社会互动可以改善社区参与、社区能力，从而促进地方经济的发展。根据以上研究提出以下假设：

假设 5　社会资本在经济增权、社会增权、政治增权、心理增权对居民公平感知影响之间具有调节作用；

假设 6　社会资本在经济增权、社会增权、政治增权、心理增权对居民支持态度影响之间具有调节作用。研究假设汇总见表 2.8。

表 2.8   研究假设汇总

假设	假设内容
假设 1	社区旅游增权对居民旅游支持态度有显著影响
假设 1-1	旅游经济增权对居民旅游支持态度有显著正向影响
假设 1-2	旅游心理增权对居民旅游支持态度有显著正向影响
假设 1-3	旅游社会增权对居民旅游支持态度有显著正向影响
假设 1-4	旅游政治增权对居民旅游支持态度有显著正向影响
假设 2	社区旅游增权对居民公平感知有显著正向影响
假设 2-1	旅游经济增权对公平感知有显著正向影响
假设 2-2	旅游心理增权对公平感知有显著正向影响
假设 2-3	旅游社会增权对公平感知有显著正向影响
假设 2-4	旅游政治增权对公平感知有显著正向影响
假设 3	居民公平感知对居民旅游支持态度有显著正向影响
假设 4	居民公平感知在心理增权(H4-1)、社会增权(H4-2)、政治增权(H4-3)、经济增权(H4-4)对居民旅游支持态度影响之间具有中介作用
假设 5	社会资本在经济增权(H5-1)、社会增权(H5-2)、政治增权(H5-3)、心理增权(H5-4)对居民公平感知影响之间具有调节作用
假设 6	社会资本在经济增权(H6-1)、社会增权(H6-2)、政治增权(H6-3)、心理增权(H6-4)对居民支持态度影响之间具有调节作用

2.7   研究模型的初步提出

根据 Boley 等（2014）提出的旅游增权对居民支持旅游发展态度影响的关系模型,刘静艳等（2016）构建的旅游增权与可持续发展支持态度之间的关系模型,马东艳（2014）所提出的社区旅游增权、社区参与和公平感知的关系模型,刘静艳等（2016）旅游增权、公平感知、可持续发展支持态度之间的关系模型,Park 等（2015）和 Ahmad 等（2015）提出的社会资本调节模型,提出本书研究模型为:以旅游增权为前因变量,居民公平感知为中介变量,居民支持态度为结果变量,社会资本为调节变量,构建以社会资本为调节

效应的旅游增权对居民公平感知及居民支持态度的影响关系模型（见图
2.14）。

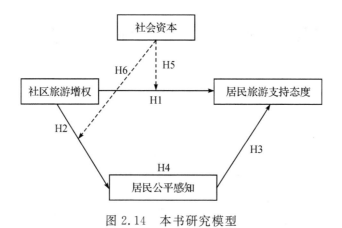

图 2.14　本书研究模型

第3章 研究设计与方法

3.1 研究方法

3.1.1 研究方法

本书采用定量与定性相结合的研究方法。由于海岛旅游社区是一个复杂的系统,具备"人—地""人—人"等多层面,具有错综复杂的社会网络和社会体系,因而,需要采用定性和定量相结合的方法进行多层面、多角度分析。采用定性和定量结合的方法进行研究,可以更深层地解释海岛旅游社区的旅游增权、公平感知、社会资本等现象,进而揭示其本质与内涵。

本书以定量研究为主,借助 SPSS、SEM 分析工具,以调研问卷取得的数据为基础,对问卷数据进行量化处理、检验与分析,从而分析社区旅游增权、居民公平感知、社区社会资本、居民支持态度的现状,并借助 SEM 分析工具,分析社区旅游增权对居民公平感知、旅游支持态度的影响关系路径与模型,从社区旅游增权及公平视角,探讨与解释旅游支持态度的影响因素。在此基础上,借助多层回归分析方法,分别对社会资本对居民旅游增权的调解效应进行检验,分析社会资本在海岛社区发展中的调控作用。

本书以定性研究为辅,以当前海岛社区旅游发展过程中存在的社区居民旅游增权感知、感知公平现象为研究切入点,运用历史回顾、文献分析、深度访谈、现场观察等定性研究方法获取旅游增权、公平感知及社会资本等方面的数据。通过文献综述以奠定研究理论基础,通过实地调研和访谈,了解舟山海岛社区居民的旅游增权、公平感知及社区社会资本的现状,深度洞察、分析存在的问题、影响因素及原因,为海岛社区旅游发展对策与建议的制定提供必要数据和理论支撑。运用语义文本分析的方法对核心概念进行提炼,运用扎根理论的方法对前期概念模型进行验证,构建"社区旅游增权—居民公平感知——居民支持态度"概念模型。

本书在研究过程中力求定性与定量研究方法相互结合,互为补充,以达到互为辅助之目的。本书采用定性构建理论、定量与定性混合运用收集资料、定量分析问题、定性与定量混合运用解决问题的逻辑流程,循序渐进地深入推进研究。前期以定性研究为基础,构建居民旅游增权、居民公平感知、居民支持态度的研究理论框架,根据文献梳理提出研究假设,构建"旅游增权—居民公平感知—居民支持态度"的影响理论模型。然后以定性研究得出的理论模型为基础,以定量研究为主要手段,进一步科学地构建测量指标,设计测量问卷,进行问卷收集和数据整理;借助 SPSS 和 AMOS 结构方程模型等软件,对理论假设进行检验,根据检验的结果进行研究发现推断。借助网络语义与扎根理论分析方法提炼出的核心概念与观点,结合量化研究分析的资料,对研究的结论进行归纳、推理、总结与判断,进而形成海岛社区旅游增权、居民公平感知以及居民支持态度的理论模型构建、理论判断与理论预测,提出可行建议与措施,从而推进本书的理论深度与实践应用的有效性、针对性。总而言之,本书秉承着定量与定性混合运用的思想,以求达到理想的效果和理论研究的预定目标。

3.1.2　研究工具设计

1.定性数据收集方法

本书采用深度访谈的方式来收集定性方面的数据,访谈主要涉及访谈方法、访谈工具、访谈形式与访谈内容等。

(1)访谈方法。访谈主要采用半结构访谈的方式。半结构访谈是有着明确的主题和粗线条的提纲而进行的非正式访谈。笔者根据研究内容事先列出访谈提纲向受访者提问,并根据谈话过程灵活地调整访问的程序和谈话的内容。

(2)访谈工具。在访谈过程中,运用观察、访谈等方法,借用录音或者录像设备获得描述性的数据,并随时记录关键性词语和观点。

(3)访谈形式。本书采用一对一访谈或者小组座谈的形式对居民进行深度访谈,根据访谈时间统计,不同的访谈对象所用的时间不等,最长的有1 个小时,短则 20 分钟,大多访谈在 30～40 分钟。

(4)访谈内容。为了使访谈有效进行,笔者在访谈前围绕调研内容拟定了一份粗略的访谈提纲,除了个人相关信息外,访谈内容主要涉及旅游增权、公平感知以及社区社会资本等方面的问题,其中前三个问题重点参考王会战(2015)旅游增权访谈记录,其他内容笔者自己根据研究需要而定:

问题一:您参与了本地的旅游服务、经营或管理活动吗? 如果参与了,是通过什么途径参与进去的? 如果没有参与,是不想参与还是参与不进去? 原因分别是什么?

问题二:作为社区的居民,您认为自己有参与旅游发展的权利吗? 为什么?

问题三:当地发展旅游以来,给您个人的工作、生活、心理等方面带来了哪些影响和变化? 您怎么评价这些变化?

问题四:您觉得当前的旅游发展是否公平? 如果公平,体现在哪些地方?

问题五:您认为当前旅游发展中是否存在不公平的现象? 什么原因导致了这些不公平现象的发生?

问题六:发展旅游前后邻里关系有什么变化? 是否存在矛盾?

问题七:您对当地政府机构或外来投资商的信任程度如何? 是否相信他们?

问题八:您对当前旅游发展现状是否满意? 您是否支持当地旅游发展?

2.定量数据收集方法

(1)问卷调查。问卷调研内容,主要由研究简介、人口统计学特征(性别、年龄、学历、收入水平、区域、从业情况等)、研究模型中的概念测量量表三部分组成(社区旅游增权、居民公平感知、社区社会资本、旅游支持态度)。为了保证测量量表的信度和效度,量表测量问项主要来源于经过核对与验证的相关文献,并在此基础上根据研究对象以及研究内容的特殊性进行适当微调(见表3.6到表3.9,以及附录三)。

(2)数据获取流程。①根据国内外文献分析,重点借鉴核心期刊及国内外硕博论文中的量表测量问项,整理归纳本研究的变量测量量表;②根据国内外学者研究中经过验证的成熟量表内容,结合本书涉及的海岛社区旅游的特点,听取相关领域专家意见,修正和调整测量量表,最终形成初始调查问卷;③将设计好的问卷在舟山"黄金三岛"范围内发放,然后对收集的问卷数据进行处理,在此基础上进行修正,最终完善形成正式的调查问卷;④将修正、完善的最终问卷在研究范围内进行发放、回收,并对回收的数据进行整理,为接下来的实证分析做准备。

3.2　访谈数据收集与分析

3.2.1　访谈数据的收集

深度访谈是质性研究的一种形式,深度访谈选择一定数量的样本进行研究不是为了回答舟山海岛旅游社区"有多少"或"是多少"的问题,而是为了更有力地说明舟山海岛社区旅游"发生了什么""如何发生的"等问题。

(1)访谈对象抽样时间。本次访谈时间为 2018 年 3 月 14 日至 2018 年 3 月 16 日,笔者全程参与,在征求访谈者同意的情况下全程录音。

(2)访谈对象抽样方式。笔者从相关经验与理论视角出发,没有采用概率抽样的方式,而是根据本书研究的目的,采取方便式抽样和偶遇式抽样。普陀山、朱家尖和桃花岛由于旅游发展情况不同,因而居民的配合度也不同。在普陀山镇,笔者先是找到龙沙社区的一位本土居民翁先生对其进行深度访谈,并通过协商由其推荐并带领笔者进行入户访谈。普陀山龙沙、龙湾社区访谈前期,居民不够信任笔者,在访谈过程中,一再提醒不要透漏他们的访谈信息,后期居民配合相对较好;在朱家尖的访谈,笔者先是通过舟山海岛大会管理办公室管理人员联系到朱家尖东沙社区管理委员会主任,并对其进行深度访谈,之后由其推荐访谈对象,东沙社区居民非常积极地配合访谈。在朱家尖南沙社区与乌石塘社区,笔者主要采用偶遇式抽样即登门入户访谈,说明来意,并征得对方同意后进行访谈。桃花岛社区居民访谈相对困难,由于桃花岛旅游发展相对缓慢,参与旅游的居民较少,3 月份又是桃花岛旅游淡季,参与旅游的原住居民基本都关门歇业。在桃花岛,笔者先是对一位民宿老板娘进行深度访谈,与其沟通并在其推荐和帮助下对塔湾社区的居民进行了访谈。

(3)访谈对象抽样数量。因质性研究重质不重量,本书的访谈样本数量不做明确限制。根据研究主题、内容和访谈大纲,以信息达到饱和为原则,也即围绕访谈主题,在访谈过程中出现大量信息重复或者雷同,为信息饱和。本次访谈的样本数量为 28 人,其中普陀山 12 人,朱家尖 9 人,桃花岛 7 人。在桃花岛,当访谈到第 27 人或 28 人时,出现了大量的信息重复或者雷同,笔者认为信息已经基本达到饱和,便停止了访谈。

(4)访谈对象类型选择。访谈对象选择的基本原则是受访者能够为本书提供必要的信息。为了减少样本数,本书选择在海岛社区中生活时间较长、较了解舟山海岛社区旅游发展实情、具有一定的观察力和反思能力、性格比较外向、善于表达自己观点的人。这样不仅可以帮助笔者找寻有价值的社区旅游信息,而且能够创造条件使笔者看到或听到研究所在地的典型事件或现象。除考虑提供有价值信息之外,还要综合考虑访谈对象在海岛社区及社群中的地位和影响力,因为他们的观点具有代表性和影响力。

基于以上考虑,本研究的重点访谈地点主要在普陀山的龙沙、龙湾社区,朱家尖的南沙、东沙、乌石塘社区,桃花岛的塔湾社区。访谈对象主要为旅游社区的客栈经营者、交通公司员工、待业导游、社区领导干部、社区管理人员、渔家乐经营者、退休人员、社区保安、乡镇旅游行政管理人员、民宿主人、渔家乐协会会长等人员。鉴于访谈者要求信息保密,受访人代码以受访地点的第一个大写拼音字母与受访人的姓氏组成,如表3.1所示。

被访谈的样本中男性16人,女性12人,男女比例相对均衡;年龄结构都在33岁及以上,最大年龄69岁,最小年龄33岁,其中33~40岁有6人,41~50岁有11人,51~60岁有5人,61~69岁有6人;在社区分布上,普陀山龙沙、龙湾社区分别为10人和2人,朱家尖东沙、乌石塘、南沙社区各3人,桃花岛镇、塔湾社区分别为1人和6人。

(5)访谈伦理的考虑。基于访谈伦理的考虑,确保每一位访谈者对访谈内容具有知情权。在访谈之前,笔者向每一位访谈者说明访谈的目的、访谈的内容、访谈的要求、记录的方式以及未来研究成果发布的形式等。在征求每一位访谈者同意之后开始访谈,在访谈过程中若访谈者要求笔者不能录音,笔者就以文本记录为主;访谈者同意录音,笔者就以录音为主,记录为辅。为了对访谈者信息进行保密,笔者采用匿名访谈,将受访人所在受访地点的第一个大写拼音字母与受访人的姓氏组成编号,以此为受访者的身份代码。

表 3.1　访谈对象类型

编号	受访人	性别	年龄	职业	时间	地点
1	PTS 翁先生	男	66	客栈农户	2018-03-14	龙沙社区
2	PTS 翁先生1	男	41	交通公司员工	2018-03-14	龙沙社区
3	PTS 韦女士	女	34	待业导游	2018-03-14	龙沙社区

续表

编号	受访人	性别	年龄	职业	时间	地点
4	PTS 徐先生	男	43	社区副书记	2018-03-14	龙沙社区管委会
5	PTS 邬先生	男	53	社区管理人员	2018-03-14	龙湾社区管委会
6	PTS 严女士	女	62	客栈农户	2018-03-14	龙沙社区
7	PTS 孔先生	男	46	客栈经营户	2018-03-14	龙湾社区
8	PTS 刘女士	女	65	客栈经营户	2018-03-15	龙沙社区
9	PTS 张女士 1	女	69	客栈经营户	2018-03-15	龙沙社区
10	PTS 张女士 2	女	62	退休人员	2018-03-15	龙沙社区
11	PTS 王先生	男	58	客栈经营户	2018-03-15	龙沙社区
12	PTS 周先生	男	41	社区保安	2018-03-15	龙沙社区
13	ZJJ 邱女士	女	46	渔家乐经营者	2018-03-15	乌石塘社区
14	ZJJ 唐先生	男	48	渔家乐经营者	2018-03-15	乌石塘社区
15	ZJJ 毛先生	男	43	渔家乐经营者	2018-03-15	乌石塘社区
16	ZJJ 马先生	男	50	渔家乐经营者	2018-03-15	南沙社区
17	ZJJ 王先生	男	33	渔家乐经营者	2018-03-15	南沙社区
18	ZJJ 朱先生	男	63	社区管理员	2018-03-15	南沙社区
19	ZJJ 胡女士	女	60	渔家乐经营者	2018-03-15	东沙社区
20	ZJJ 余女士	女	33	渔家乐经营者	2018-03-15	东沙社区
21	ZJJ 应先生	男	33	社区书记	2018-03-15	东沙社区
22	THD 毛女士	女	34	社区管理员	2018-03-16	塔湾社区
23	THD 施先生	男	42	旅游管理人员	2018-03-16	桃花岛镇
24	THD 王先生	男	48	渔家乐经营者	2018-03-16	塔湾社区
25	THD 王女士	女	48	民宿主人	2018-03-16	塔湾社区
26	THD 夏女士	女	55	渔家乐协会会长	2018-03-16	塔湾社区
27	THD 张女士	女	57	渔家乐经营者	2018-03-16	塔湾社区
28	THD 李先生	男	38	渔家乐经营者	2018-03-16	塔湾社区

3.2.2　访谈数据的分析

本书虽然采用的是半结构式访谈,但是随着居民访谈的深入,访谈的内容越加丰富。由于访谈的人数较多,对录音文字的整理大约有 13 万字。基于对访谈内容的深度分析,并考虑文本分析的科学性与客观性,本书主要借助社会语义网络分析和扎根理论分析方法对访谈的内容和录音进行整理,并根据整理的资料进行分类、归纳、提炼、整合,为问卷设计和后期对策研究奠定基础。

1.基于社会语义网络的访谈数据分析

(1)社会语义网络分析。语义网络(semantic network)是由美国心理学家奎廉(M. R. Quilian)研究联想记忆时提出的心理学模型(姚媛媛等,2013)。语义网络的基本元素是节点和弧,通过绘制节点与节点之间的语义关系,构建语义网络,实现有向图来表示知识的描述(吴畏等,2014)。1972年,Simmous 首次将语义网络模型用于自然语言理解系统,用于表示复杂的概念、事务以及语义之间的联系(李瑞等,2016)。本书采用构建语义网络的方法,目的是分析访谈过程中的关键信息与关键节点,从而构建居民支持度影响模型,并为后续的问卷、理论探讨奠定基础。

运用 ROST.CM6.0 软件对提出的概念节点与关系链进行语义网络分析,笔者把整理出来的13万字的录音文本整理成 TXT 文件,导入 ROST 软件中进行分词与词频分析,过滤掉与居民支持态度、公平、增权、社会资本无关的词(如:我、我们、可以、因此、这个等),统计得到本访谈的前100位高频词汇表(见表 3.2),并将高频词通过标签云转化成为可视化词云图(见图3.1)。通过统计可以得知居民、旅游、政府、普陀山、社区、房子、当地、发展、参与、收入、领导、关系、公平、管理、经营、景区、问题、影响、生意、沙滩、开发、满意、环境等词的频率高于 50 次。

表 3.2 前 100 个高频词

高频词	频次	高频词	频次	高频词	频次	高频词	频次	高频词	频次
居民	312	开发	59	变化	35	培训	26	龙湾	20
旅游	290	满意	59	政策	35	信任	25	好处	20
政府	266	环境	52	赚钱	35	消费	25	代表	20
普陀山	241	安徽人	48	土地	35	补贴	24	规定	20
社区	215	门票	45	设施	34	建设	24	约束	19
房子	189	户口	45	规划	33	渔家	24	享受	19
当地	171	矛盾	45	桃花岛	32	投资	24	宁波	19
发展	160	朋友	45	码头	32	旅游业	23	邻居	18

高频词	频次	高频词	频次	高频词	频次	高频词	频次	高频词	频次
参与	100	当地人	44	权利	31	项目	23	饭店	18
收入	97	舟山	44	股份	30	镇政府	23	心理	18
领导	89	南沙	43	承包	30	组织	23	餐饮	18
关系	89	经济	43	导游	30	条件	22	理解	18
公平	86	过程	42	旺季	29	渠道	22	市场	18
管理	80	意见	41	拉客	29	去年	22	老板	17
经营	77	宾馆	40	拆迁	29	旅馆	22	吵架	17
景区	77	村民	38	不公	28	接待	22	管委会	17
问题	76	老年人	38	便宜	28	国家	22	合作社	17
影响	73	海鲜	37	工资	27	认识	21	集团	17
生意	73	沈家门	37	分红	27	利益	21	程度	16
沙滩	65	农家乐	36	物价	27	邻里	21	发言权	16

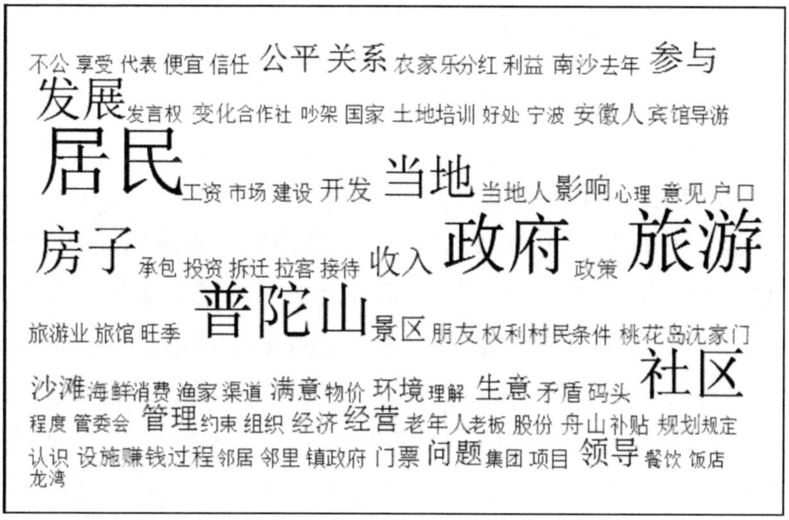

图 3.1　前 100 个高频词云图

运用 ROST.CM6.0 软件对提出的概念节点与关系链进行语义网络刻画，经过 TXT 的分词处理之后，形成访谈数据的语义关系网络图（见图 3.2）。图中线条的疏密代表共现频率的高低，线条越密，表明共现次数越多，表示两者之间关联更加紧密。如图 3.2 所示，与"居民"关系密切的是"社区""参与""旅游""沙滩""开发""矛盾""问题""门票""收入""经济"等词；与"旅游"

关系密切的词是"社区""参与""过程""满意""开发""经营""影响""公平"；与"公平"关系密切的词是"旅游""发展""过程""不公"；与"权利"关系密切的词是"居民"。因此，可将访谈基本内容归纳为 3 类主题，即社区旅游参与与增权、居民旅游满意与支持，旅游公平与不公平感，这较为全面地概括了访谈的基本内容。

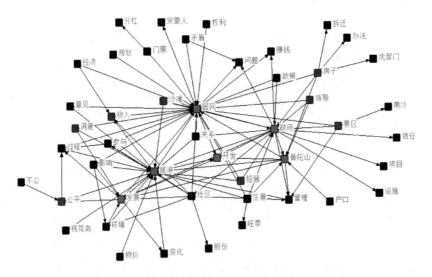

图 3.2　访谈数据概念节点与关系

2.基于扎根理论的访谈数据分析

（1）扎根理论分析。在社会语义网络分析的基础上，笔者借用软件 NVivo10，采用扎根理论的方法对 13 万字的访谈录音进行编码和整合，归纳出更为核心的观点，进一步探讨关系节点之间的逻辑关系。扎根理论是一种质化的研究方法，其基本宗旨是在经验数据的基础上建立理论。扎根理论起源于巴尼·格拉斯（Barney Glaser）和安塞尔姆·斯特劳斯（Anselm Strauss）两人 20 世纪 60 年代对医院医务人员处理病人的一项实地研究（1965,1968）。扎根理论是一种自下而上的归纳式研究方法，直接扎根于现实数据的理论便是其成果的体现（陈向明,1999）。扎根理论的主要思想体现在开放性解码（Open Coding）、主轴性解码（Axial Coding）和选择性解码（Selective Coding）这三重解码过程中（张敬伟等,2009）。

（2）开放性编码。开放性编码就是对访谈的录音数据进行分解，对原始数据进行逐句的编码，进而为现象贴上概念标签，把相似的概念聚集，提炼出更高一级的概念，从而对数据概念化、范畴化（张敬伟等,2009）。为避免笔者主观因素的影响,在研究过程中以访谈录音的原始数据为标签,并以此为基础进行初始概念的发掘。基于研究目的,本书仅聚焦于"旅游增权""公平感知""社会资本""居民支持态度"等相关或者相近的内容。由于初始概念较多,并存在不同程度的交叉,因此对其进行整合分类与梳理,保留3次以上节点信息概念(见表3.3),经过开放性编码,共得到402个节点,54个初始概念,为了节省篇幅,每个范畴列举部分节点信息。

表 3.3　开放式编码范畴化

开放性编码	节点
概念化	原始语句(初始概念)
经济收入增加	我把房子承包给你,然后让别人去经营。一年租金大概 5 万元(PTS 徐先生);我们家不多的,我们家就是十几万元(ZJJ 胡女士)
工作机会增多	像我们这里打工的,比如说做小工,两百块钱一天嘛。低的像服务员 4 万多元一年,也是有的(PTS 周先生) 旅游就是为当地老百姓提供了一些打工的机会吧(THD 毛女士)
生活质量提升	这边做生意的话,没有打工那么累(PTS 孔先生) 生活条件也好了,家家户户都有小旅馆,可以做生意(PTS 王先生)
生活环境改变	我们的经济好起来了,氛围好起来了,环境也不一样了,我觉得这样能够"改造人"(ZJJ 胡女士)
物价水平上涨	物价高了,吃不起了嘛! 鱼和虾都吃不起了(PTS 张女士 1)
获得间歇性收入	每年做到十月份就可以休息了,淡季了就回家(THD 夏女士)
发言权	我如果有意见,跟领导去讲,他要扣分(PTS 王先生) 领导说什么就是什么,下面哪有什么权力(ZJJ 毛先生)
知情权	他们今年要搞哪方面设施建设,一般都通过社区、电视告诉我们,在普陀山的那个工作会议上也会提起(PTS 邬先生)
参与权	比如说我们现在在搞晾晒被套庭院改造,每一户人家都参与的。都参与的话好,这样公信力好(ZJJ 胡女士) 在规划过程中当地居民是没有参与的,当地居民代表也没有参与当地的规划(ZJJ 朱先生)
管理民主	普陀山的这个管理,永远不公平的(PTS 韦女士) 这不是他们保安要管的事吗,要分钱嘛,不分钱不给你弄嘛(PTS 翁先生)
集体观念	东荷嘉园这个牌子如何把它打出去,让它去抱团经营,不能分散经营(ZJJ 应先生)
居民凝聚感	当地人基本上不是很团结。都管自己的,不是很团结的(PTS 翁先生 1);普陀山人现在基本上认钱不认人(PTS 翁先生 1)

续表

开放性编码	节点
人际关系变化	个人矛盾突出,邻居之间、兄弟之间的矛盾都很突出(ZJJ 朱先生)
社区秩序变化	现在这个外地人承包的也多,宰客也多(THD 夏女士) 客人来了你拉你的客我拉我的客。我们的整个秩序比较好(ZJJ 胡女士) 出租车也拿回扣,他们把市场给搞乱了(THD 李先生)
社区拥挤感	周末的时候车子很堵,出入不方便(ZJJ 王先生)
培训机会	培训的话主要是培训渔家乐那一块,比如说今年还有消防培训(THD 毛女士)
自豪感	桃花岛的森林覆盖率有 75%,整个舟山也就 50% 嘛,它相对来说比较好(THD 施先生) 他们客人都很羡慕我。因为我有房有车(THD 王女士)
气愤感	我们本来在南海观音景区有老房子的,老房子拆迁了,很气愤的(PTS 严女士)
舒适感	普陀山所有的景区,徒步的话,是很舒服的,它这个环境比较舒适(PTS 徐先生) 现在压力好像比较大,现在物价什么都往上涨了,环境压力比较大(ZJJ 王先生)
归属感	大部都去外面做生意了,中年人(四五十岁的)也去外面做生意了。(留在)这里的人很少。这几年呢,那些去外面工作的人都回来了(ZJJ 胡女士)
地方感	东北人、安徽人那个宰客现象比较严重。桃花岛有时候这个民宿、宾馆、餐饮也好,会蒙灰嘛(THD 王女士)
合理补偿	我们同样的拆迁,他们有 15 万元一年好拿的,我们是没有的(PTS 严女士)
收益分配公平	朱家尖每人每年有一万元的分红,我们普陀山一分钱都没有(PTS 张女士 1) 这个沙滩对我们老百姓来说就是不公平的。沙滩 100% 的股份,我们整个村庄就分了 5% 的股份。剩下的 95% 被政府拿去了(THD 李先生)
利润分红	当地居民没有分红,每一户人家,一年发 16 张门票,对当地社区的补贴是没有的(PTS 邬先生) 我普陀山一年收入多少钱,老百姓一分钱都没有(PTS 韦女士)
性别公平	男的不管去哪里了都可以在当地买房子,女的在当地工作也不能买房子,男女不一样(PTS 刘女士) 我生了两个女儿,嫁出去了就不能买房子(PTS 张女士 1)
住房公平	人家买过的这个房子有 4 元/平方米,也有 3 元/平方米,不公平啊,真的是不公平(PTS 严女士)
信息公开	现在就三张票一个人。一年收多少钱,也没有公示(THD 李先生) 老百姓我们肯定都要给他们知道的,不知道不行的(ZJJ 胡女士)
执法公正	执法部门不好,不公平(PTS 王先生) 政府在执法过程中不公平(THD 李先生)

续表

开放性编码	节点
依法监管	像车辆拉客我们都会整治的(THD 施先生) 政府管理的时候,导游、野导的监管不严(THD 李先生)
渠道畅通	提意见哪里提啊? 你提出来的意见谁会来帮你解决啊(ZJJ 邱女士) 像他们怎么来争取自己的权利,有没有什么渠道? 比如信息(THD 王女士)
机会公平	比我稍微再大一点年纪的人,他们对网络基本上是不懂的。他们根本就是无法操作的(THD 王女士)
上级关心	我们老百姓都要求他们种桂花树啊、樟树啊,他们却种很不好的树,对我们老年人生活不好(PTS 刘女士) 以前几个领导、书记对我们的关心比较多(THD 夏女士)
领导尊重	他这里有一点就是欺负老百姓不懂法(PTS 韦女士) 为了让我们拆掉,停电、停水、停厕所,没办法只好搬到这里来了(PTS 刘女士)
官民互动	有时候你去投诉,给你受理还是不受理都不知道(ZJJ 毛先生) 我们在这里从来没有看到过旅游局的领导(THD 李先生)
办事顺畅	我们去找官,他那个有密码的,门锁了我们进不去,我们怎么能见到他(PTS 韦女士)
意见征求	你一户人家提意见他不会理你的,要集体提才行(ZJJ 王先生) 就我们老百姓呢,提几个意见是可以提的,好的意见呢他们也会采纳的(ZJJ 唐先生)
人际交往	我们关系很好的,都会串门的(PTS 张女士 2)
虚拟网络	我们现在建立了微信群,这样就更加方便了,我们还是比较和谐的(ZJJ 胡女士)
邻里关系	普陀山人跟普陀山人关系还是蛮好的(PTS 徐先生)
社区组织	我们自己组织的,他们也有好几辆,本来就有一个圈子的,我已经做了 10 多年了(ZJJ 毛先生)
社区义务感	村里的人,协会秘书长什么的都是义务干活的(ZJJ 应先生)
社区责任感	现在我们自己反正也可以过得去了,自己顾自己的生意,做生意嘛没什么事情就没什么事情。什么协会会长对我们来说也无所谓(ZJJ 马先生)
社区制度	我们现在是股份制了,比如说外嫁女,享受在娘家还是在外面,我们上面有规定的(ZJJ 胡女士)
行业规定	基本上不会有抢客的,你叫你的,他叫他的,都很守规矩的(PTS 孔先生)
村规民约	有个别租赁出去的,要纳入我们协会的管理,然后要遵从我们的村规民约(ZJJ 应先生)
组织信任	那对政府肯定信任的,政府在附近开发旅游的话对附近老百姓收入肯定是有影响的。(ZJJ 马先生) 不公平也不信任他们(PTS 严女士)

续表

开放性编码	节点
亲缘信任	我们这边必须要每客一换,有些阿姨不每客一换,我下次可能就不介绍给他们了(ZJJ 余女士)
业缘信任	跟绿城的关系,跟威斯汀酒店的关系,我们大家都是互利共赢的,我们都是一个集体(ZJJ 应先生)
一般信任	但如果是老客人,他们信任你,感觉在这里比较好,他还是会来这里(ZJJ 余女士)
热情好客	客人越多,我们普陀山越兴旺发达(PTS 王先生) 我觉得挺好的,最起码进来的人多了,对我们塔湾社区也是有益的(THD 毛女士)
热切期盼	你看现在淡季我都没有什么客人的,要政府多动脑筋,这里肯定会开发得好(ZJJ 毛先生)
积极支持	跟旅游沾边的当然支持啦(THD 王女士)
满意程度	那肯定是满意的我觉得,他们肯定是希望再好一点,再高档一点(ZJJ 胡女士)
产业发展	政府把沙滩建设好,管理好,老百姓就开心。景区没有建设好,游客就不来了(THD 李先生)

(3)主轴性编码。主轴性编码注重在初始概念的基础上,解读各种初始概念的类属及它们之间的关系,从而展现数据中各部分的有机关联,即分析的现象、动因、条件、结果之间所体现的逻辑关系(张敬伟等,2009)。通过开放性编码发掘了 54 个初始概念,在此基础上归纳出 12 个次范畴编码、4 个主轴性编码,如表 3.4 所示。

表 3.4 主轴性编码

主轴性编码	次范畴编码	开放性编码
旅游增权	经济增权	经济收入增加、工作机会增多、生活质量提升、生活环境改变、物价水平上涨、获得间歇性收入
	政治增权	发言权、知情权、参与权、管理民主
	社会增权	集体观念、居民凝聚感、人际关系变化、社区秩序变化、社区拥挤感
	心理增权	培训机会、自豪感、气愤感、舒适感、归属感、地方感
分配公平	分配公平	合理补偿、收益分配公平、利润分红、性别公平、住房公平
	程序公平	信息公开、执法公正、依法监管、渠道畅通、机会公平
	互动公平	上级关心、领导尊重、官民互动、办事顺畅、意见征求

续表

主轴性编码	次范畴	开放性编码
社会资本	社区网络	人际交往、虚拟网络、邻里关系、社区组织
	社区规范	社区义务感、社区责任感、社区制度、行业规定、村规民约
	社区信任	组织信任、亲缘信任、业缘信任、一般信任
支持态度	支持情感	热情好客、热切期盼
	支持意向	积极支持、满意程度、产业发展

(4)选择性编码。选择性编码是通过描述现象的"故事线"来梳理和发现核心范畴,分析核心范畴与主范畴及其他范畴的联结关系(张敬伟等,2009)。本书通过对主范畴和其他范畴与居民支持态度之间的关系分析,建立联结关系(见表3.5)。

表 3.5　选择性编码

典型关系结构	关系结构的内涵
动因—结果	旅游增权是影响居民支持态度的直接因素,它决定着居民支持旅游的积极性。
居民旅游增权 → 居民公平感知 → 居民支持态度；社会资本、居民旅游增权 → 居民公平感知 → 居民支持态度	居民公平感知是居民支持态度影响因素的一个中介变量,公平感知的强弱与是否公平,在一定程度上影响着居民支持态度与支持行为。 社会资本是干扰要素,是居民支持旅游的一个外部条件,它在一定程度上影响着动因—结果之间的关系强度和关系方向。

首先确定"居民支持态度影响模型"为核心范畴;其次确定与核心范畴之间有联结关系的其他范畴,即旅游增权(包括经济、社会、政治、心理)、居民公平感知(程序公平、分配公平、互动公平)、社会资本(社区规范、网络、信任)等因素。其中旅游增权(包括经济、社会、政治、心理)是影响居民支持态度的直接因素,同时这些因素又受到公平感知、社会资本等不同情景因素的影响。社会资本是干扰要素,是居民支持旅游的一个外部条件,它在一定程度上影响着动因—结果之间的关系强度和关系方向。

3.3 模型架构

根据第 2 章海岛社区旅游、社区旅游增权、居民公平感知、社区社会资本的相关综述,以及笔者对访谈录音资料的扎根理论分析,提出本书的研究模型(见图 3.3)。

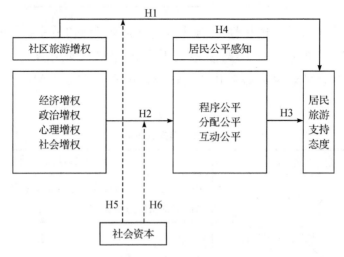

图 3.3　本书研究模型

根据 Boley 等 (2014)提出的旅游增权对居民支持旅游发展态度影响的关系模型、刘静艳等(2016)构建的旅游增权与可持续发展支持态度之间的关系模型,本书以旅游增权为前因变量,以居民旅游支持态度为结果变量,构建旅游增权对居民旅游支持态度的影响模型。

根据马东艳(2014)所提出的社区旅游增权(制度增权)、社区参与和公平感知的关系模型,刘静艳与李玲(2016)提出的旅游增权、公平感知、可持续发展支持态度之间的关系模型,本书借鉴此两种模型的公平感知变量和旅游增权变量,构建旅游增权与居民公平感知、居民公平感知与居民旅游支持态度之间的关系模型,其中公平感知为中介变量。

根据 Park 等(2015) 以社会资本(合作、规范、信任、社会网络)为调节变量构建的乡村旅游发展与乡村可持续发展的影响关系模型,Ahmad 等(2015)以社区意识为调节变量构建的社区增权对社区项目可持续发展的影响关系模型,笔者借鉴两种模型中的社会资本调节变量,将其引入社区旅游增权对居民公平感知的影响关系模型中,从而构建以社区旅游增权为前因变量,以居民公平感知为中介变量,以社会资本为调节变量,以居民旅游支持态度为结果变量的理论总模型。

3.4　研究变量定义及衡量

依据本书构建的旅游增权、居民公平感知、旅游支持态度模型,旅游增权作为前因变量有四个测量变量,分别为经济增权、心理增权、政治增权、社会增权;公平感知为中介变量,有三个测量变量,分别为分配公平、程序公平、互动公平;社会资本为调节变量,有一个测量变量;居民旅游支持态度为模型的最终内生变量,不做进一步分类。为了使各变量更加具有统一性、更贴近研究主题,现对各变量进行操作性定义并设置测量问项。

3.4.1　社区旅游增权的定义及测量

依据 Scheyvens(1999)旅游增权 4 个维度的划分,参考王会战等(2015)、Boley 等(2014)、刘静艳等(2016)有关旅游增权测量量表来设计测量问项,变量标签以第一个单词的前两个英文字母和第二个单词的第一个英文字母简写组合而成(见表 3.6)。

所谓心理增权,指社区居民个体依据自己的价值观和标准,对社区旅游发展及参与本身所产生的价值感受。正面的价值感受通常表现为社区自豪感、文化自尊感、旅游认同感和融入感等,本研究通过 3 个问项进行测量。所谓社会增权,指社区居民在从事社区旅游活动中所强化的一种整体感或者凝聚感,主要包括社区归属感、集体主义观念等,本研究通过 3 个问项进行测量。所谓政治增权,指社区居民在旅游发展过程中具有参与旅游决策的机会和权利等。主要包括旅游决策参与、决策自主管理、居民权利感等,本研究通过 4 个问项进行测量。所谓经济增权,指社区居民通过旅游拥有获利机会或能力,使居民在社区旅游发展中广泛地、持续地获取经济利益,包括就业、工作机会、收入和生活水平提高等,本研究通过 4 个问项进行测量。为了统计便利性,心理、社会、政治、经济增权的测量采取李克特 5 级量表制,而不采取李克特 7 级量表制。1—5 分别表示非常不同意、不同意、一般、同意、非常同意。

表 3.6　旅游增权测量问项

旅游增权变量	测量问项	参考依据
心理增权	1. 旅游业发展使我作为一名本地村民而感到自豪（PSE1） 2. 因为许多游客来这里旅游，我感觉我们这里的风景很特别（PSE2） 3. 我想告诉游客我们能提供哪些旅游项目（PSE3） 4. 我想和游客分享本地独特的文化（PSE4） 5. 我想为保持本地的独特性做一点工作（PSE5）	Boley 等（2014）、 刘静艳等（2016）、 王会战等（2015）、 Strzelecka 等（2016）
社会增权	6. 旅游业发展加强了我与社区的联系（SOE1） 7. 旅游业发展培养了我的集体或合作观念（SOE2） 8. 旅游业发展给我提供了融入社区的途径（SOE3）	Boley 等（2014）、 刘静艳与李玲（2016）、 王会战等（2015）
政治增权	9. 我对本地旅游业发展方面有一定的发言权（POE1） 10. 我可以参与本地旅游业的决策过程（POE2） 11. 我对本地旅游业发展有一定的表决权（POE3） 12. 我有对旅游业发展提意见的途径（POE4）	Boley 等（2014）、 刘静艳等（2016）、 王会战等（2015）
经济增权	13. 本地旅游业发展提高了我的消费（购买）能力（ECE1） 14. 我的一部分收入来自本地旅游业（ECE2） 15. 我可以从本地旅游业发展中获得更多经济收益（ECE3） 16. 我家的经济前景依赖本地旅游业的发展（ECE4）	Boley 等（2014）、 刘静艳等（2016）、 王会战等（2015）

3.4.2　居民公平感知的定义及测量

依据 1986 年贝叶斯等（Bies et al.，1986）关于公平 3 个维度的划分，参照刘亚等（2003）、胥兴安等（2015）、马东艳（2015）、刘静艳等（2016）关于社区居民分配公平、程序公平的测量量表以及 Clark 等（2009）、Tyler 等（1990）关于互动公平测量量表来设计测量问项，变量标签以单词的第一个英文字母简写组合而成（见表 3.7）。

分配公平，指居民对旅游发展过程中所带来的利益感知是否平等、公正和符合需求等，本书运用 6 个问项进行测量。程序公平，指居民对获取旅游发展过程中所带来的利益的途径、过程和程序是否具有一致性的感知，本书运用 6 个问项进行测量。互动公平，指政府或社区管理部门在制定和实施制度、政策时，是否尊重居民的意愿，制定过程中信息是否公开，有效信息的沟通是否充分、合理，是否真实、及时、无偏等方面，主要运用 4 个问项进行

测量。为了统计便利性,分配公平、程序公平、互动公平的测量采取李克特
5级量表制,而不采取李克特7级量表制,1—5分别表示非常不同意、不同
意、一般、同意、非常同意。

表 3.7 公平感知测量问项

公平感知变量	测量问项	参考依据
分配公平	1.旅游收益反映了我对旅游所做的努力(DJ1) 2.与其他村民的表现比,我的收入是合理的(DJ2) 3.我的旅游收入反映了我对旅游的贡献(DJ3) 4.与相同条件的村民比,我的收入是合理的(DJ4) 5.就我的付出和责任而言,我所得的报酬是合理的(DJ5) 6.就我的工作表现而言,我所得到的报酬是合理的(DJ6)	刘亚等(2003)、 胥兴安等(2015)、 马东艳(2015)、 刘静艳等(2016)
程序公平	7.社区的分配有章可循(收益、收入、门票等)(PJ1) 8.社区的分配是公开的和透明的(收益、收入、门票等)(PJ2) 9.社区的分配制度都能得到很好地执行(PJ3) 10.我们社区能够参与分配制度的制定过程(PJ4) 11.社区所有人在分配制度面前都是平等的(PJ5) 12.我们社区的分配制度能够代表大多数人的意愿(PJ6)	刘亚等(2003)、 胥兴安等(2015)、 马东艳(2015)、 刘静艳等(2016)
互动公平	13.我反应的问题能够受到关注(IJ1) 14.他们为解决问题付出了适当的努力(IJ2) 15.他们与我的沟通是恰当的(IJ3) 16.他们给了我应有的礼貌(IJ4)	Clark等(2009)、 Tyler(1990)

3.4.3 社区社会资本的定义及测量

依据Putnam(1993)关于社会资本的定义,参照时少华(2015)、Park等
(2012,2015)等关于社会资本的测量量表来设计测量问项,变量标签以单词
的第一个英文字母简写组合而成(见表3.8)。

社区网络是指居民在当地社区长期形成的社会互动关系,它包括社区
内部的亲戚、朋友以及与其他组织结构之间的联系。社区信任是居民对其
他个体或者组织的话语、承诺和声明的整体期待或期望,是一种稳定的信
念。它包括制度信任、熟人信任、业缘信任、普遍信任等。社区规范是指在

社区管理与发展过程中形成的共同规范、准则和约束,是社区广泛认同的行为标准或者价值观念,社区规范包括正式法律制度规范和非正式的伦理道德约束等。本书运用 3 个问项进行社区社会资本的测量,为了统计便利性,采取李克特 5 级量表制,而不采取李克特 7 级量表制,1—5 分别表示非常不同意、不同意、一般、同意、非常同意。

表 3.8　社会资本测量问项

社区社会资本	测量问项	参考依据
社会资本	1. 人们在大街上经常问好并停下来和对方聊天(SC1) 2. 这里的人值得信任(SC2) 3. 我可以向邻居们寻求帮助或支持(SC3)	Dallago 等(2009)

3.4.4　居民旅游支持态度的定义及测量

居民旅游支持态度是旅游地居民对旅游发展的积极反应。本书参考 Gursoy 等(2002)、Strzelecka 等(2016)、汪德根等(2011)、王咏等(2014)、Strzelecka 等(2016)关于支持态度的测量量表,变量标签以单词的第一个英文字母简写组合而成(见表 3.9)。居民旅游支持态度采用 4 个测量项,为了统计便利性,采取李克特 5 级量表制,而不采取李克特 7 级量表制,1—5 分别表示非常不同意、不同意、一般、同意、非常同意。

表 3.9　居民支持态度测量问项

居民支持态度	测量问项	参考依据
居民支持态度	1. 我认为这里应该积极鼓励旅游业发展(Support1) 2. 我支持当地旅游业,并希望它持续地发展(Support2) 3. 我们这里应该继续保持旅游目的地的地位(Support3) 4. 当地应该支持对旅游业的宣传与推广(Support4)	Gursoy 等(2002)、 Strzelecka 等(2016)、 汪德根等(2011)、 王咏等(2014)、 Strzelecka 等(2016)

3.5　预测试问卷数据收集与分析

根据以上访谈并结合相关文献,笔者确定了预测试问卷(附录问卷一),并对预测试问卷进行分析。本书做预测试问卷主要有以下几个目的:一是为了检测问卷的设计中是否存在语言表达措辞不当或者表达含糊不清或是否符合当地居民语言习惯,以便发现当地居民对问题的理解是否与问题测量项设计的初衷一致等,从而根据发现的问题对问卷进行修订;二是通过测试收集的数据对问卷的效度和信度等进行分析,检验设计的问卷是否达到良好的效度和信度,如果信度与效度较低,对问卷进行修订;三是通过预测试检验预先设计的调查方案是否可行。

3.5.1　问卷数据分析方法

在定量样本分析上以 SPSS 中描述性统计、探索性分析方法为基础,重点借助结构方程模型对默认模型与假设进行验证,构建居民支持态度影响因素理论模型。利用描述统计的次数分配、比例(率)、平均数、标准偏差等基本数据,分析样本之回收情形、基本特性分布等各种统计量;借助探索性分析方法,分析问卷量表的效度;利用验证性分析方法,构建测量模型,验证测量模型的结构效度与组合效度;借助多层回归分析方法,分析社会资本在社区旅游增权与居民公平感知之间的调节效应;借助结构方程模型,分析社区旅游增权对公平感知及居民行为意向的影响关系及路径,因为结构方程模型是一种建立、估计和检验因果关系模型的方法(吴明隆,2009)。

3.5.2　预测试问卷数据分析

第一次预测试问卷分析。2017 年 12 月 25 日—2018 年 1 月 1 日,笔者亲自到朱家尖街道发放 60 份问卷,回收问卷 59 份,回收率为 98.33%,有效问卷 58 份,有效率为 98.31%。第一次预测试问卷采用预测试问卷一(见附录一)模板进行测试。

第一次预测试问卷 44 个测量项目,总的 Cronbach's α 系数为 0.969,大于李怀祖提出的 0.7 标准要求(李怀祖,2000),问卷具有较高信度。旅游增权 16 个测量项,Cronbach's α 系数为 0.940,KMO 值为 0.846,Bartlett's 球形检验值 0.000,小于 0.05,达到显著性水平;旅游公平感知 12 个测量项,Cronbach's α 系数为 0.947,KMO 值为 0.863,Bartlett's 球形检验值 0.000,小于 0.05,达到显著性水平;社会资本 12 个测量项,Cronbach's α 系数为 0.910,KMO 值为 0.823,Bartlett's 球形检验值 0.000,小于 0.05,达到显著性水平;居民支持态度 4 个测量项,Cronbach's α 系数为 0.967,KMO 值为 0.813,Bartlett's 球形检验值 0.000,小于 0.05,达到显著性水平。以上数据

显示,旅游增权、公平感知、社会资本、居民支持态度等问卷具有较高的信度和效度,并适合做主成分分析。

对旅游增权、公平感知、社会资本、居民支持态度等问卷分别采用最大方差旋转,进行探索性分析,提取公因子显示:旅游增权提取了 3 个公因子,在强制性提取 4 个主因子之后,心理增权主因子的测量项仅有 2 个;公平感知提取了 4 个公因子,在强制性提取 3 个主因子之后,互动公平主因子的测量项仅有 2 个,而且程序公平测量项与互动公平测量项相关性较强;社会资本提取了 2 个公因子,而且其中一个主成分只要一个测量项,其他测量项均归到社会网络结构中,测量项相关性较强;三者的分析结果与笔者想要的理想结果差距较大。居民支持态度提取了 1 个公因子,与笔者想要的理想结果相近。

除以上分析之外,笔者对预测试问卷做了简单的验证性分析,验证性效果并不理想。此后笔者又通过数据查询,进行第二次预测试问卷设计与发放。

第二次预测试问卷。在第二次问卷设计过程中,笔者做了如下几个方面的调整:第一是与相关专家进行详细讨论,分析问卷出现问题的原因,并请旅游专业及英文专业方面的专家对借鉴过来的英文问卷进行双盲逐句翻译;第二是借鉴国内外成熟的旅游增权、公平感知、社会资本、居民支持问卷,在不改变问卷结构的前提下,结合旅游的实际情况进行适当的转述;第三,精简社会资本测量项目。

第二次问卷发放采用预测试问卷二范本(见附录二)。2018 年 5 月 5 日—2018 年 5 月 12 日,笔者委托自己的学生(普陀山镇社区管理员)在普陀山镇进行预测试。测试问卷 50 份,收回问卷 49 份,问卷回收率 98%;回收问卷中,有效问卷 48 份,有效率为 97.96%。

第二次预测试问卷 39 个测量项,Cronbach's α 系数为 0.904,问卷具有较高信度。旅游增权 16 个测量项,Cronbach's α 系数为 0.802;公平感知 16 个测量项,Cronbach's α 系数为 0.901;社会资本 3 个测量项,Cronbach's α 系数为 0.871;居民支持态度 4 个测量项,KMO 值为 0.948,均大于李怀祖提出的 0.7 标准要求,而且各题项的总相关系数 CITC 值都在 0.5 以上,各项指标对 Cronbach's α 系数的大幅增加都不明显,因此不做题项删除,问卷具有较高的信度。

对旅游增权、公平感知、社会资本、居民支持态度问卷分别采用最大方差旋转,进行探索性分析,旅游增权的 KMO 值为 0.721,Bartlett's 球形检验值 0.000,小于 0.05,达到显著性水平。提取公因子显示,16 个测量项提取出 4 个特征值大于 1 的因子,因子载荷也都大于 0.5。公平感知的 KMO 值为 0.789,Bartlett's 球形检验值 0.000,小于 0.05,达到显著性水平。16 个测量项提取出 3 个特征值大于 1 的因子,因子载荷也都大于 0.5。社会资本 3 个测量项的 Cronbach's α 系数为 0.871,3 个测量项提取出 1 个特征值大于 1 的因子,因子载荷也都大于 0.5。居民支持态度的 KMO 值为 0.948,Bartlett's 球形检验值 0.000,小于 0.05,达到显著性水平。4 个测量项提取出 1 个特征值大于 1 的因子,因子载荷也都大于 0.5。

笔者对第二次预测试问卷的正态分布进行了检验,所有测量项的偏度的绝对值位于 0.021～1.487,峰度的绝对值位于 0.034～2.566。一般认为,所有测量问项的偏度的绝对值小于 3 且峰度的绝对值小于 8 时,数据基本符合正态分布(Kline,2011),预测试问卷符合正态分布。根据以上分析,并与几个相关旅游方面的专家讨论后,认为量表题项设计较合理,都予以保留,在对问卷个别题项的表述稍作修改后,确定问卷。

3.5.3　正式测量量表确定

结合前面质性研究与第二次预测试问卷信息的回馈,考虑居民文化水平,为了使得居民更容易理解,问卷的表述应该更为准确、口语化和"接地气"。基于此,我对个别问卷的表述做了局部修改与调整。"我想告诉游客我们可以提供的旅游项目"调整为"我想告诉游客我们能提供哪些旅游项目";"我这里有一种独特的文化可与游客一起分享"调整为"我想和游客分享本地独特的文化";"旅游业发展培养了我的集体观念"调整为"旅游业发展培养了我的集体或合作观念";"本地旅游业发展提高了我的购买能力"调整为"本地旅游业发展提高了我的消费(购买)能力";"社区的分配有章可循"调整为"社区的分配有章可循(收益、收入、门票等)";"社区的分配是公开的和透明的"调整为"社区的分配是公开的和透明的(收益、收入、门票等)"。在经过前期的预测与调整之后,形成正式的调查问卷(见附录三)。

3.5.4　正式样本的收集

(1)正式样本抽样对象。问卷抽样对象重点包括本地社区居民和旅游从业商户。原住居民是海岛旅游的核心利益相关主体,旅游经营商户是重要利益相关主体,因此,他们的意见或者建议均具有很强的代表性和可参考性。

(2)正式样本抽样时间。本书的样本抽样调查分三个时间段完成:2018年6月15日—7月15日(普陀山),2018年6月25日—27日(朱家尖),2018年7月8日—9日(桃花岛)。普陀山的调查由笔者的学生(普陀山镇龙沙社区管理人员)完成,朱家尖、桃花岛的调查由笔者亲自带领四个学生完成。为保证调查问卷的有效性和科学性,调研人员以本科生和专科生为主。在问卷调查之前,笔者对调研人员进行专门培训;在问卷调研过程中如遇到居民不认识字,采取调研人员根据问卷内容,一边询问一边替其勾选的方式进行。

(3)正式样本抽样方式。由于研究范围面积较大,居民数量较多,故无法对居民进行复杂概率抽样,而是采取非概率的偶遇抽样。即在调查的过程中遇到居民马上进行访问或者立刻在调查员的指导下填写问卷,一般以拦截或者登门拜访的方法进行。

(4)正式样本抽样数量。对于问卷样本的数量,当前没有统一的标准,但是国内外学者都基本赞同SEM的样本数应该在250~500。Barrett(2007)认为执行SEM如无特殊原因,一般均以内定的极大似然法进行,而极大似然法在样本大于500时,卡方值会出现严重的膨胀,导致模型配适不佳,根据经验法则,样本数至少应该是模型变量的8倍。张伟豪与郑时宜(2012)认为SEM的样本数在大于200并小于500时是合理的样本数。笔者正式问卷发放620份,其中普陀山、朱家尖、桃花岛三个片区问卷各发放200份、220份、200份,由于朱家尖居民人口基数较大,多发放了20份。

第4章　实证研究

4.1　案例地概况

案例地为舟山市普陀区下辖的三个岛屿,分别为普陀山、朱家尖和桃花岛。普陀山位于舟山群岛东部海域,陆域面积 12.5 平方千米,全镇辖龙湾、龙沙、锦屏社区,截至 2018 年年底常住人口 2000 户,5000 人。普陀山被称为"海天佛国",是国家 5A 级景区,2017 年接待游客 857.9 万人次,是舟山群岛旅游发展的龙头与引擎。朱家尖岛陆域面积 72 平方千米,为舟山群岛第五大岛,朱家尖 2015 年 11 月由普陀区政府委托普陀山—朱家尖管委会全权管理,下辖 8 个社区(村)、27 个股份经济合作社、1 个居委会,常住人口 3.6 万人,户籍人口 2.8 万人,2017 年朱家尖景区接待游客764.9 万人次。桃花岛位于东海之上,面积 41.7 平方千米,人口约为 1.15 万人,2017 年接待游客 280.9 万人次。①

从旅游发展现状而言,普陀山为观音菩萨道场,是舟山的龙头景区,是舟山游客的必游之处。其旅游发展较早,基础设施完善,发展较为成熟,当地居民多以家庭旅馆、客栈经营为主,居民参与旅游的人数较多。朱家尖为游客进入普陀山景区的集散地和服务中心,在普陀山—朱家尖管委会成立之后,其依托于东沙、南沙、乌石塘景区,旅游发展迅猛,当地居民以海岛民宿、客栈经营为主,并广泛参与旅游。桃花岛与普陀山、朱家尖相比而言,由于地理位置、交通及基础设施等方面的原因,旅游发展相对缓慢,辖区内塔湾社区居民参与旅游的较多,而其他区域的居民多以海岛农业与海岛渔业为主。从居民参与的情况而言,笔者认为,普陀山社区居民为深度参与型,朱家尖为广泛参与型,桃花岛为一般参与型。

---

① 数据来源:普陀山镇人民政府网,http://www.putuoshanZhen.gov.cn.

4.2 样本回收及样本特征

4.2.1 样本的回收情况

三个区域共发放问卷 620 份,问卷总体回收率为 97.7％,对于回收的问卷遵循下列原则予以删除:(1)问卷填写不完整,关键测量项缺失;(2)问卷测量项全部选择一个选项的给予删除(范莉娜,2016)。通过筛选,剔除 57 份无效问卷,有效问卷为 549 份,有效率为 90.6％。其中朱家尖 220 份,回收 212 份,回收率 96.4％;有效问卷为 200 份,有效率为 94.3％。普陀山发放问卷 200 份,回收问卷 199 份,回收率 99.5％;有效问卷 170 份,有效率为 85.4％。桃花岛发放问卷 200 份,回收问卷 195 份,回收率 97.5％;有效问卷 179 份,有效率 91.8％。总体而言,问卷回收率与问卷有效率较高(见表 4.1)。

表 4.1　问卷回收情况

地点	发放问卷/份	回收问卷/份	回收率/％	有效问卷/份	有效率/％
普陀山	200	199	99.5	170	85.4
朱家尖	220	212	96.4	200	94.3
桃花岛	200	195	97.5	179	91.8
总计	620	606	97.7	549	90.6

4.2.2 样本的基本特征

描述性统计主要从样本的性别、年龄、学历、收入、所在区域及是否参与旅游等几个方面分析,用以描述样本的类别、特征及比例分配情况。从表 4.2 中可以看出,被调查者在性别分布上女性居多,占总数比例的 52.6％;年龄分布上主要集中在 25～64 岁,占 84.5％;受教育程度以中专及高中以下学历为主,占 77.0％;被调查者个人月收入 3000～5000 元的居多,占 42.6％,3000 元以下和 5000 元以上的比例相当,分别为 29.0％、28.4％。从参与旅游情况来看,参与旅游的人数较多,占比 72.5％;抽样以朱家尖的样本数量最大,占 36.4％,普陀山占 31.0％,桃花岛占 32.6％(见表 4.2)。

表 4.2 样本人口统计特征（$N=549$）

调查项目	类别	频次	占比/%
性别	男	260	47.4
	女	289	52.6
年龄	24 岁以下	53	9.7
	25～44 岁	235	42.8
	45～64 岁	229	41.7
	65 岁以上	32	5.8
学历	初中及以下	244	44.4
	中专及高中	179	32.6
	大专/本科	118	21.5
	研究生	8	1.5
月收入	3000 元以下	159	29.0
	3000～5000 元	234	42.6
	5000 元以上	156	28.4
所在区域	普陀山	170	31.0
	朱家尖	200	36.4
	桃花岛	179	32.6
是否参与旅游	是	398	72.5
	否	151	27.5

4.3 样本的质量检验

4.3.1 样本的正态分布检验

表 4.3 是对样本测量问项调研数据进行的正态分布性检验，一般认为，所有测量问项的偏度的绝对值小于 3 且峰度的绝对值小于 8 时，数据基本符合正态分布（Kline，2011）。从表 4.3 可见，所有测量问项的偏度的绝对值位于 0.007～1.087，都小于 3；峰度的绝对值位于 0～1.624，都小于 10。因此可认为本书各测量问项的大样本调查数据基本满足上述临界值要求，说明适合使用结构方程模型中的最大似然法对数据进行参数估计。

表 4.3　数据正态分布检验($N=549$)

测量项	统计量			峰度		
	平均数	标准差	偏斜度	标准差	统计量	标准差
PSE1	3.86	0.907	−0.773	0.104	0.807	0.208
PSE2	3.93	0.856	−0.574	0.104	0.223	0.208
PSE3	3.83	0.806	−0.477	0.104	0.445	0.208
PSE4	3.80	0.824	−0.537	0.104	0.508	0.208
PSE5	3.72	0.824	−0.376	0.104	0.185	0.208
SOE1	3.50	0.919	−0.346	0.104	0.051	0.208
SOE2	3.52	0.935	−0.382	0.104	−0.023	0.208
SOE3	3.40	1.009	−0.475	0.104	−0.192	0.208
POE1	3.00	1.138	−0.038	0.104	−0.680	0.208
POE2	2.49	1.133	0.440	0.104	−0.600	0.208
POE3	2.52	1.121	0.439	0.104	−0.645	0.208
POE4	2.84	1.088	0.007	0.104	−0.686	0.208
ECE1	3.41	1.066	−0.498	0.104	−0.227	0.208
ECE2	3.35	1.217	−0.485	0.104	−0.678	0.208
ECE3	3.40	1.154	−0.557	0.104	−0.494	0.208
ECE4	3.29	1.198	−0.380	0.104	−0.695	0.208
PJ1	3.30	1.016	−0.386	0.104	−0.280	0.208
PJ2	3.19	1.081	−0.252	0.104	−0.529	0.208
PJ3	3.18	0.995	−0.074	0.104	−0.389	0.208
PJ4	3.05	1.007	−0.031	0.104	−0.367	0.208
PJ5	3.16	0.997	−0.145	0.104	−0.291	0.208
PJ6	3.11	0.995	−0.217	0.104	−0.361	0.208
DJ1	3.45	0.892	−0.385	0.104	0.071	0.208
DJ2	3.38	0.933	−0.469	0.104	0.179	0.208
DJ3	3.40	0.969	−0.418	0.104	−0.167	0.208
DJ4	3.39	0.974	−0.563	0.104	0.128	0.208
DJ5	3.55	0.934	−0.515	0.104	0.000	0.208
DJ6	3.58	0.936	−0.468	0.104	−0.108	0.208

续表

测量项	统计量			峰度		
	平均数	标准差	偏斜度	标准差	统计量	标准差
IJ1	3.09	1.021	−0.225	0.104	−0.460	0.208
IJ2	3.22	0.951	−0.227	0.104	−0.241	0.208
IJ3	3.25	0.863	−0.330	0.104	0.241	0.208
IJ4	3.41	0.927	−0.256	0.104	0.040	0.208
SC1	3.65	0.793	−0.413	0.104	0.473	0.208
SC2	3.76	0.789	−0.723	0.104	1.096	0.208
SC3	3.88	0.727	−0.618	0.104	0.924	0.208
Support1	4.03	0.879	−1.043	0.104	1.354	0.208
Support2	4.14	0.828	−1.087	0.104	1.624	0.208
Support3	4.11	0.839	−0.982	0.104	1.063	0.208
Support4	4.17	0.810	−1.004	0.104	1.175	0.208

4.3.2　样本的同构型检验

同构型假设指的是在所有的随机变量中,应该具有相同且有限的变异数。由于本书样本来自普陀山、桃花岛、朱家尖三个地方,因此需要合并这些数据一起进行分析,在合并之前先检查不同来源数据是否具有一致性。若是一致(统计显著性检验不显著,$p > 0.05$),则可将三个地方的数据加以合并分析(Armstrong et al.,1977)。同构型检验一般以卡方分析为主,因为样本来源为类别变量,为三组,而性别、学历、教育程度是人口统计变量中的类别变量,因此采用卡方分析,以皮尔森(Pearson)卡方检验显著性是否存在。由于性别的类别只有两个,适合做鉴定,其他的学历、教育程度类别较多,不适合比较,因此以性别为主要参考。通过卡方检验皮尔森(Pearson)卡方值为 2.457,$p > 0.05$,因此不拒绝虚无假设,可以看出普陀山、桃花岛、朱家尖在男女比例上没有差异,因此数据可以合并。

4.3.3　样本的信度分析

使用 SPSS22.0 软件,利用"问项—总体"相关系数(CITC)及内部一致性系数对测量问卷进行净化和筛选,删除不适当条款,从而提高量表整体的内部一致性(Churchill,1979)。卢纹岱(2006)和耿先锋(2008)认为,以CITC大于0.5作为测量问项保留的参考标准,Cronbach把CITC小于0.4作为净化测量问项的标准(Cronbach,1951)。为了保证问卷的信度,还要检查Cronbach's α系数。一般认为Cronbach's α系数大于0.7时,说明测量量表的信度符合基本要求;大于0.9时,测量量表具有较高信度(Nunnally,1978)。以CITC小于0.4作为筛选标准,以Cronbach's α系数大于0.7作为参考标准。

笔者先是对问卷的整体信度进行了检验,结果显示39个测量项的Cronbach's α系数为0.947,大于0.9,各测量项CITC均大于0.4,说明问卷整体信度较高。分别对各旅游增权、公平感知、社会资本、居民支持态度等分构面的测量项的信度进行了检验。结果显示,旅游增权的16个测量项目CITC均大于0.4,Cronbach's α系数为0.907;公平感知的16个测量项CITC均大于0.5,Cronbach's α系数为0.924;社会资本的3个测量项CITC均大于0.5,Cronbach's α系数为0.774;居民支持态度的4个测量项CITC均大于0.8,Cronbach's α系数为0.938,四个分问卷测量项CITC与Cronbach's α系数均大于参考标准,因此问卷的测量项不做删除(见表4.4)。

表 4.4 样本的 CITC 与信度检验

测量项	尺度平均数 (如果项目已删除)	尺度变异数 (如果项目已删除)	CITC	Cronbach's α (如果项目已删除)	Cronbach's α
PSE1	49.99	101.881	0.489	0.904	
PSE2	49.93	101.413	0.551	0.903	
PSE3	50.03	101.933	0.557	0.903	
PSE4	50.06	100.880	0.610	0.901	
PSE5	50.14	100.221	0.652	0.900	
SOE1	50.35	98.488	0.675	0.899	
SOE2	50.34	98.924	0.638	0.900	
SOE3	50.46	97.679	0.65	0.899	
POE1	50.86	97.605	0.567	0.902	0.907
POE2	51.37	97.43	0.579	0.902	
POE3	51.34	98.238	0.547	0.903	
POE4	51.01	97.602	0.599	0.901	
ECE1	50.45	99.193	0.533	0.903	
ECE2	50.51	96.013	0.593	0.902	
ECE3	50.46	95.968	0.635	0.900	
ECE4	50.57	96.406	0.587	0.902	

测量项	尺度平均数 （如果项目已删除）	尺度变异数 （如果项目已删除）	CITC	Cronbach's α （如果项目已删除）	Cronbach's α
PJ1	49.4	99.138	0.610	0.920	
PJ2	49.5	96.988	0.675	0.918	
PJ3	49.52	96.743	0.756	0.916	
PJ4	49.64	98.114	0.672	0.918	
PJ5	49.54	97.654	0.704	0.917	
PJ6	49.58	99.616	0.600	0.920	
DJ1	49.25	100.792	0.611	0.920	
DJ2	49.32	99.275	0.666	0.918	
DJ3	49.29	99.995	0.599	0.920	0.924
DJ4	49.31	99.473	0.623	0.920	
DJ5	49.14	100.884	0.574	0.921	
DJ6	49.12	100.411	0.599	0.920	
IJ1	49.6	100.514	0.536	0.922	
IJ2	49.48	99.462	0.641	0.919	
IJ3	49.45	100.835	0.631	0.920	
IJ4	49.29	100.523	0.60	0.920	
SC1	7.64	1.845	0.56	0.752	
SC2	7.53	1.709	0.653	0.646	0.774
SC3	7.41	1.906	0.621	0.686	
Support1	12.43	5.413	0.809	0.933	
Support2	12.32	5.373	0.896	0.904	0.938
Support3	12.34	5.449	0.854	0.918	
Support4	12.29	5.578	0.852	0.918	

4.3.4 样本的探索性因子分析

对旅游增权、公平感知、社会资本与居民支持态度分别进行探索性因子分析，分析主要采用下面几个步骤：首先对样本量表进行 KMO 测度检验与 Bartlett's 球形检验，以考察量表是否适合做探索性因子分析。Kaiser 与 Rice(1974)给出了常用的 KMO 度量标准：0.9 以上表示非常适合，0.8 表示适合，0.7 表示一般，0.6 表示不太适合，0.5 以下表示极不适合。Bartlett's 球形检验统计量对应的概率 p 值大于显著性水平则拒绝原假设，认为适合做因子分析；相反，则不可以。

其次，用方差最大法对测量项进行因子旋转，提取出因子。一般经验而言，提取因子都会提取特征值在 1 以上的因子，Kaiser(1960)认为根据特征根法则,删掉特征值小于1的因子。但这不是个绝对标准,需要参考其他因素,若累计贡献率又太低,有时特征值小于1的因子也可以保留。测量问项因子负荷都大于0.5,且解释的累计方差比例大于50%时,表示测量问项是符合要求的(Weiss,1979)。

1.旅游增权的因子分析

首先对旅游增权的测量量表进行 KMO 测度检验与 Bartlett's 球形检验,结果显示 KMO 值为0.899,大于0.70的临界值,且 Bartlett's 球形检验的统计值也达到了0.000的显著水平,说明旅游增权测量量表比较适合进行探索性因子分析(见表4.5)。

表 4.5　旅游增权测量量表的 KMO 与 Bartlett's 球形检验

Kaiser-Meyer-Olkin 测量取样适当性		0.899
Bartlett's 球形检验	χ^2	5005.350
	df	120
	显著性	0.000

采用主成分的方法进行因子抽取,基于特征值大于1的抽取规则,因子旋转方法采用最大方差法输出旋转解,最大收敛性迭代次数设置为25次。表4.6给出了探索性因子分析的输出结果,量表析出3个因子,累计解释了数据方差的65.426%。与前文 Scheyvens(1999)和 Strzelecka 等(2016)关于旅游增权的定义及维度划分有一定区别(见表4.6)。

表 4.6　旅游增权主成分探索三因子分析

测量项	因子 1	因子 2	因子 3
	因子负载	因子负载	因子负载
PSE4	0.782		
PSE3	0.765		
PSE2	0.712		
PSE5	0.708		
SOE2	0.696		
SOE1	0.666		
PSE1	0.664		
SOE3	0.654		
ECE2		0.862	
ECE3		0.855	
ECE4		0.812	

续表

测量项	因子 1	因子 2	因子 3
	因子负载	因子负载	因子负载
ECE1		0.727	
POE3			0.893
POE2			0.846
POE4			0.686
POE1			0.636
特征值(λ)	6.871	1.904	1.962
对总方差的解释比例/%	65.426		
Cronbach's α	0.892	0.880	0.843

笔者再次采用主成分的方法基于因子固定数量,提取四个因子,因子旋转方法采用最大方差法输出旋转解,最大收敛性迭代次数设置为 25 次,表 4.7 给出了探索性因子分析输入结果,量表析出 4 个因子,累计解释了数据方差的 70.417%,与前文 Scheyvens(1999)和 Strzelecka 等(2016)关于旅游增权的定义及维度划分相符合。其中,因子 1 汇聚的测量项体现了旅游发展促进居民经济权利增加的行为,将其命名为"经济增权";因子 2 汇聚的测量项体现了旅游发展促进居民心理权利增加的行为,将其命名为"心理增权";因子 3 汇聚的测量项体现了旅游发展促进居民政治权利增加的行为,将其命名为"政治增权";因子 4 汇聚的测量项体现了旅游发展促进居民社会权力增加的行为,将其命名为"社会增权"。分析结果显示,4 个维度的旅游增权的 Cronbach's α 分别高于 0.7,显示具有良好的信度(见表 4.7)。

表 4.7　旅游增权主成分探索四因子分析

测量项	经济增权（因子 1）	心理增权（因子 2）	政治增权（因子 3）	社会增权（因子 4）
	因子负载	因子负载	因子负载	因子负载
ECE2	0.865			
ECE3	0.856			
ECE4	0.804			
ECE1	0.740			
PSE2		0.776		
PSE1		0.750		
PSE4		0.723		
PSE3		0.678		

续 表

测量项	经济增权 （因子1） 因子负载	心理增权 （因子2） 因子负载	政治增权 （因子3） 因子负载	社会增权 （因子4） 因子负载
PSE5		0.528		
POE3			0.894	
POE2			0.828	
POE4			0.741	
POE1			0.602	
SOE2				0.803
SOE3				0.792
SOE1				0.663
特征值(λ)	6.871	1.904	1.692	0.799
对总方差的解释比例/%	70.417			
Cronbach's α	0.880	0.842	0.843	0.854

2.公平感知的因子分析

对公平感知的测量量表进行 KMO 测度检验与 Bartlett's 球形检验,结果显示 KMO 值为 0.913,大于 0.70 的临界值,且 Bartlett's 球形检验的统计值也达到了 0.000 的显著水平,说明公平感知测量量表比较适合进行探索性因子分析(见表 4.8)。

表 4.8 公平感知测量量表的 KMO 与 Bartlett's 球形检验

Kaiser-Meyer-Olkin 测量取样适当性		0.913
Bartlett's 球形检验	χ^2	5748.919
	df	120
	显著性	0.000

笔者采用主成分的方法进行因子抽取,基于特征值大于 1 的抽取规则,因子旋转方法采用最大方差法输出旋转解,最大收敛性迭代次数设置为 25 次。表 4.9 给出了探索性因子分析的输出结果,量表析出 3 个因子,累计解释了数据方差的 68.654%,与刘亚等(2003)和 Colquitt (2012)关于公平感知的维度划分相符合。其中,因子 1 汇聚的测量项体现了过程公平的概念与内容,将其命名为"程序公平";因子 2 体现结果公平的概念与内涵,将其命名为"分配公平";因子 3 体现了交互公平的概念与内涵,将其命名为"互动公

平"。分析结果显示,3 个维度的公平感知的 Cronbach's α 系数均高于0.7,显示具有良好的信度(见表 4.9)。

表 4.9　公平感知主成分探索因子分析

测量项	程序公平(因子 1)	分配公平(因子 2)	互动公平(因子 3)
	因子负载	因子负载	因子负载
PJ2	0.835		
PJ3	0.814		
PJ1	0.763		
PJ4	0.754		
PJ5	0.753		
PJ6	0.699		
DJ5		0.796	
DJ6		0.794	
DJ4		0.784	
DJ3		0.755	
DJ2		0.741	
DJ1		0.554	
IJ2			0.814
IJ3			0.802
IJ4			0.779
IJ1			0.709
特征值(λ)	7.525	1.931	1.529
对总方差的解释比例/%	68.654		
Cronbach's α	0.908	0.886	0.860

3. 社会资本的因子分析

对社会资本的测量量表进行 KMO 测度检验与 Bartlett's 球形检验,结果显示 KMO 值为 0.688,小于 0.70 的临界值,且 Bartlett's 球形检验的统计值达到了0.000的显著水平,说明社会资本测量量表不太适合进行探索性因子分析(见表 4.10)。

表 4.10　社会资本测量量表的 KMO 与 Bartlett's 球形检验

Kaiser-Meyer-Olkin 测量取样适当性		0.688
Bartlett's 球形检验	χ^2	455.278
	df	3
	显著性	0.000

4. 居民支持态度的因子分析

对居民支持态度的测量量表进行 KMO 测度检验与 Bartlett's 球形检验,结果显示 KMO 值为 0.844,大于 0.70 的临界值,且 Bartlett's 球形检验的统计值达到了 0.000 的显著水平,说明居民支持态度测量量表适合进行探索性因子分析(见表 4.11)。

笔者采用主成分的方法进行因子抽取,基于特征值大于 1 的抽取规则,因子旋转方法采用最大方差法输出旋转解,最大收敛性迭代次数设置为 25 次。量表析出 1 个因子,累计解释了数据方差的 84.396%。单个维度的居民支持态度的 Cronbach's α 系数为 0.938,高于 0.7,显示具有良好的信度。

表 4.11　居民支持态度测量量表的 KMO 与 Bartlett's 球形检验

Kaiser-Meyer-Olkin 测量取样适当性		0.844
Bartlett's 球形检验	χ^2	1992.479
	df	6
	显著性	0.000

4.3.5　共同方法偏差检验

共同方法偏差是为了检验测量工具而不是构面所产生的系统误差,最早是由 Campbell 与 Fiske(1959)利用多特质多方法矩阵的方法进行检验。共同方法偏差的问题主要来自测量工具的误差,测量误差影响了衡量构面之间关系结论的效度(Podsakoff et al.,2003)。笔者利用 Harman 单因子方法对共同方法的偏差进行评估,检验构面是否有共同方法偏差的问题。将所有测量问项进行未旋转的探索性因子分析,检验因素分析的因素个数解释方差的能力。这种非典型假设是,如果变量之间存在共同方法偏差,会出现以下两种情况:一是未旋转的因子分析中只得到一个因子;二是一个因子将会解释大部分的可解释方差(50%)(Podsakoff et al.,2003;周浩等,2004;杜建政等,2005)。Harman 单因素检验的结果如表 4.12 所示,在未旋转的状态下,数据分析出了 8 个因子,累积解释了总体方差的 70.180%,并没有发生"只得到一个因子"的情况;8 个因子方差也从最小的 5.575%到最大的 12.222%,每个构面的解释平均能力为 8.772%,标准偏差 1.971%,因子最大解释力并未比平均解释力大过 2 个标准偏差,即 3.942%,最低的因子解释能力与平均解释能力相比也没有超过 2 个标准偏差,因此 8 个因子解释方程相当平均。其中,第一个因子解释了 33.893% 的方差,占总变异的 48.2%,也没有发生大部分的解释方差(50%)集中于其中一个因子的现象。因此可以看出,本研究问卷并未发生共同方法偏差的问题或者至少不严重(见表 4.12)。

表 4.12　测量量表 Harman 单因素检验结果

组件	起始特征值			撷取平方和载入			循环平方和载入		
	总计	变异占比/%	累加/%	总计	变异占比/%	累加/%	总计	变异占比/%	累加/%
1	13.218	33.893	33.893	13.218	33.893	33.893	4.767	12.222	12.222
2	3.336	8.554	42.448	3.336	8.554	42.448	4.336	11.117	23.340
3	2.727	6.992	49.440	2.727	6.992	49.440	3.551	9.105	32.445
4	2.180	5.591	55.031	2.180	5.591	55.031	3.508	8.995	41.440
5	1.979	5.073	60.104	1.979	5.073	60.104	3.033	7.777	49.217
6	1.578	4.047	64.151	1.578	4.047	64.151	3.024	7.754	56.971
7	1.283	3.291	67.442	1.283	3.291	67.442	2.977	7.634	64.605
8	1.068	2.739	70.180	1.068	2.739	70.180	2.174	5.575	70.180
9	0.863	2.212	72.393						
10	0.706	1.810	74.203						
11	0.681	1.745	75.948						
12	0.637	1.634	77.582						
13	0.635	1.629	79.211						
14	0.574	1.471	80.682						
15	0.516	1.324	82.006						
16	0.502	1.287	83.293						
17	0.474	1.215	84.508						
18	0.453	1.161	85.669						
19	0.432	1.108	86.776						
20	0.405	1.037	87.814						
21	0.394	1.012	88.825						
22	0.369	0.946	89.771						
23	0.351	0.900	90.671						

续　表

组件	起始特征值			撷取平方和载入			循环平方和载入		
	总计	变异占比/%	累加/%	总计	变异占比/%	累加/%	总计	变异占比/%	累加/%
24	0.334	0.858	91.528						
25	0.319	0.819	92.347						
26	0.307	0.788	93.135						
27	0.300	0.769	93.904						
28	0.287	0.736	94.639						
29	0.251	0.645	95.284						
30	0.246	0.630	95.915						
31	0.236	0.605	96.520						
32	0.227	0.582	97.102						
33	0.213	0.547	97.649						
34	0.188	0.482	98.131						
35	0.167	0.428	98.560						
36	0.165	0.423	98.983						
37	0.146	0.374	99.357						
38	0.134	0.343	99.700						
39	0.117	0.300	100.000						

4.4　测量模型验证性分析

4.4.1　遗漏值的处理与插补

　　根据结构方程建模的基本要求,笔者利用 AMOS20.0 软件对测量变量进行验证性分析。理想情况下 SEM 应在数据完整没有遗漏值的情形下工作。样本如果有遗漏值,会影响到分析的真实相关程度,更有可能从显著到不显著(张伟豪,2011)。处理遗漏值的方法大概分成 3 个类型:(1)删除;(2)直接估计;(3)多种插补。笔者采用直接估计平均数取代法,平均数取代法是最常用的方法,遗漏值用该变量的平均数直接取代(张伟豪等,2012)。笔者在问卷收集的过程中,时刻检查问卷的填写情况,力求问卷信息填写完整;在问卷输入的过程中力求信息输入正确,因此,本研究的遗漏值较少,直接运用 SPSS 软件,运用平均数取代法进行数据插补。

4.4.2　测量模型验证分析

1. 验证的标准

验证性分析为结构方程模型分析的重要组成部分,Thompson(2004)提出测量模型可以正确地反映研究的因子与构面,在进行结构方程模型分析之前,应先分析测量模型。

模型适配度的标准主要参考绝对适配度、相对适配度等关键性指标。一般情况下值 $p>0.05$;$\chi^2/df<2.00$(严谨),$\chi^2/df<3.00$(普通),$\chi^2/df<5.00$(宽松),数值愈接近 0 模型适配度愈佳;RMR<0.05,数值愈接近 0 模型适配度愈佳;RMSEA<0.08(若 RMSEA<0.05 良好;RMSEA<0.08 普通),90% 的置信区间介于 $0.06\sim0.08$;SRMR<0.08(若 SRMR<0.05 良好;SRMR<0.08 普通);GFI>0.9,AGFI>0.9;IFI、CFI、NFI 均$\geqslant0.95$(普通适配大于 0.9),数值愈接近 1 模型适配度愈佳(见表 4.13)。

表 4.13　模型绝对适配度与相对适配度主要参考指标

统计检验量		适配标准或临界值	备注
绝对适配度	p 值	>0.05(未达显著水平)	大样本情况下 χ^2 是个参考指标
	χ^2/df	<2.00(严谨);<3.00(普通);<5.00(宽松)	数值接近 0 模型适配度愈佳
	RMR	<0.05	数值接近 0 模型适配度愈佳
	RMSEA	<0.08(若<0.05 良好;<0.08 普通)	90% 的置信区间介于 $0.06\sim0.08$
	SRMR	<0.08(若<0.05 良好;<0.08 普通)	数值接近 0 模型适配度愈佳
	GFI	>0.9	数值接近 1 模型适配度愈佳
	AGFI 值	>0.9	数值接近 1 模型适配度愈佳
相对适配度	IFI	≥0.95(普通适配为>0.9)	数值接近 1 模型适配度愈佳
	CFI	≥0.95(普通适配为>0.9)	数值接近 1 模型适配度愈佳
	NFI	≥0.95(普通适配为>0.9)	数值接近 1 模型适配度愈佳

数据来源:吴明隆(2009)。

若模型适配度不佳或者达不到理想效果,需要对模型进行修正,一般模型修正做的大多数是变量缩减,根据三个条件修正:(1)删除因素负荷量低的变量,如 0.5 以下,因素负荷量过低,代表变量信度不佳,无法反映出真正的潜在变量的测量;(2)删除有共线性(观察变化之间相关过高,如大于0.85)存在的观察变量;(3)删除残差不独立(残差相关的 MI 值较大者)的观察变量(张伟豪,2011)。

一般而言,一个测量模型要满足下列几个条件,称为具有收敛效度(Hair et al.,2009;Fornell et al.,1981):(1)因素负荷量理想上大于 0.7,在验证式分析下 0.6~0.7 为可接受,探索式研究可以放宽到 0.5;(2)组成信度(CR)大于0.7,0.8 以上则更为理想,但不宜太高,如 0.95 以上;(3)平均变异系数萃取量(AVE)大于 0.5;(4)多元相关系数的平方(SMC)大于 0.5(张伟豪,2011)。

2.测量模型验证与修正

根据结构方程建模的基本要求,我们利用 AMOS20.0 软件,使用验证性因子分析(CFA),对经济增权、心理增权、社会增权、政治增权、公平感知、居民支持态度六个构面的测量模型进行验证,并对其进行修正。

3.心理增权潜在变量的验证与修正

根据以上标准对心理增权的五因素模型进行验证,模型适配度指标 χ^2/df 为 10.230,大于 5;RMSEA 为 0.128,大于 0.08;AGFI 小于 0.9,模型不太理想。根据 Modification Indices(修正指标)表,PSE1 的残差与 PSE2、PSE3 的残差建立关联,可以明显使 χ^2 减少,p 值增加,在删除 PSE1 之后,心理增权四因素模型的适配指标 χ^2/df 为 1.784,小于 3;RMR 为 0.008,小于 0.05;RMSEA 为 0.037,小于 0.08;SRMR 为 0.01,小于 0.05;GFI、AGFI、IFI、CFI、NFI 均大于 0.95,模型适配度较好。心理增权构面(四因素模型)的组合信度(CR,composite reliability)为 0.840,大于 0.7;平均方差萃取(AVE,average variance extracted)为 0.570,大于 0.5;且各测量问项的因子负荷均在 0.01 的水平上显著(CR> 2.58),说明心理增权构面具有较好的聚合效度(见表 4.14 和表 4.15)。

表 4.14　测量模型验证过程及适配度指标

构面	指标	χ^2/df	RMR	RMSEA	SRMR	GFI	AGFI	IFI	CFI	NFI
	理想模型	<3.00	<0.05	<0.08	<0.08	>0.9	>0.9	>0.9	>0.9	>0.9
经济增权	四因素模型	5.326	0.021	0.089	0.016	0.99	0.95	0.993	0.993	0.991
	三因素模型(删除 ECE1)	0	0	0.756	0	1.00	—	1.00	1.00	1.00

构面	指标	χ^2/df	RMR	RMSEA	SRMR	GFI	AGFI	IFI	CFI	NFI
心理增权	五因素模型	10.230	0.021	0.128	0.042	0.964	0.892	0.959	0.958	0.954
	四因素模型（删除 PSE1）	1.784	0.008	0.037	0.01	0.997	0.99	0.998	0.998	0.996
社会增权	三因素模型	0	0	0.672	0	1.00	—	1.00	1.00	1.00
政治增权	四因素模型	9.616	0.032	0.125	0.025	0.984	0.920	0.983	0.983	0.981
	三因素模型（删除 POE1）	0	0	0.699	0	1.00				
居民公平感知	三因素模型（DJ、PJ、IJ）	0	0	0.486	0	1.00	—	1.00	1.00	1.00
居民支持态度	四因素模型	19.517	0.013	0.184	0.018	0.964	0.820	0.981	0.981	0.981
	三因素模型（删除 Support1）	0	0	0.911	0	1.00	—	1.00	1.00	1.00

表 4.15　验证性因素分析结果

变量	测量项	MEAN	标准化负荷	R^2(SMC)	临界比	CR	AVE
心理增权	PSE2	3.925	0.64	0.410	13.898	0.840	0.570
	PSE3	3.829	0.76	0.578	16.233		
	PSE4	3.800	0.87	0.757	17.743		
	PSE5	3.716	0.731	0.534			
社会增权	SOE1	3.505	0.742	0.551	18.118	0.856	0.666
	SOE2	3.523	0.867	0.752	19.795		
	SOE3	3.403	0.833	0.694			
政治增权	POE2	2.492	0.813	0.661		0.859	0.675
	POE3	2.521	0.959	0.920	20.173		
	POE4	2.843	0.667	0.445	16.924		
经济增权	ECE2	3.346	0.845	0.714		0.888	0.727
	ECE3	3.399	0.911	0.830	23.973		
	ECE4	3.286	0.798	0.637	21.627		
居民公平感知	DJ	3.430	0.685	0.469		0.755	0.508
	PJ	3.160	0.747	0.558	11.873		
	IJ	3.290	0.704	0.496	11.920		
居民支持态度	Support2	4.144	0.905	0.819		0.933	0.823
	Support3	4.115	0.917	0.841	32.887		
	Support4	4.171	0.900	0.810	31.789		

4. 社会增权潜在变量的验证

社会增权的三因素模型为绝对适配模型,社会增权构面(三因素模型)的组合信度(CR)为 0.856,大于 0.7;平均方差萃取(AVE)为 0.666,大于 0.5;且各测量问项的因子负荷均在 0.01 的水平上显著(CR>2.58),说明社会增权构面具有较好的聚合效度(见表4.14和表 4.15)。

5. 政治增权潜在变量的验证与修正

根据以上标准对政治增权的四因素模型进行验证,模型适配度指标 χ^2/df 为 9.616,大于 5;RMSEA 为 0.125,模型不太理想。其中 POE1 的因子负荷为 0.58,小于 0.6,因此对其进行删除;删除之后模型为绝对适配模型。政治增权构面(三因素模型)的组合信度(CR)为 0.859,大于 0.7;平均方差萃取(AVE)为 0.675,大于 0.5;且各测量问项的因子负荷均在 0.01 的水平上显著(CR> 2.58),说明政治增权构面具有较好的聚合效度(见表 4.14 和表 4.15)。

6. 经济增权潜在变量的验证与修正

根据以上标准对经济增权的四因素模型进行验证,模型适配度指标 χ^2/df 为 5.326,大于 5;RMSEA 为 0.089,大于 0.08,模型不太理想。根据 Modification Indices(修正指标)表,ECE1(e1)的残差与 ECE2(e2)的残差建立关联,可以使 χ^2 减少 7.743,p 值增加 0.07(使 χ^2 减少,p 值增加,是我们修正模型的主要目标),而且 ECE1(0.668)因素负荷与 ECE2 相比较低,因此考虑删除 ECE1。删除 ECE1 测量项之后,经济增权的三因素模型为绝对适配模型。经济增权构面的组合信度(CR)为 0.888,大于 0.7;平均方差萃取(AVE)为 0.727,大于 0.5;且各测量问项的因子负荷均在 0.01 的水平上显著(CR> 2.58),说明经济增权构面具有较好的聚合效度(见表 4.14 和表 4.15)。

7. 公平感知潜在变量的验证与修正

结构方程模型中,测量题项较多,会导致过多的随机误差。减少随机误差的常用方法是进行项目组合,也即将各变量次维度各测量项的平均值作为相应概念的计量指标,以缩减模型待估参数的数量,提高计算结果的稳定性(吴艳等,2011;Anderson 等,1988)。基于此,公平感知的次维度采用其观察变量的均值作为新的指标。在对公平感知测量模型验证之前,首先对其次维度的测量变量模型进行验证,以确定程序公平、互动公平、分配公平的最终测量项。依据同样的方法最终确定程序公平的指标值为 PJ1、PJ3、PJ4、PJ6 四个测量项的均值（程序公平四因素模型）、分配公平的指标值为 DJ2、DJ3、DJ4、DJ5 四个测量项的均值；互动公平为 IJ2、IJ3、IJ4 的均值。其中程序公平四因素模型（PJ1、PJ3、PJ4、PJ6）的 χ^2/df 为 3.14，接近于 3；RMR 为 0.015，小于 0.05；RMSEA 为 0.063，小于 0.08；SRMR 为 0.015，小于 0.088；GFI、AGFI、IFI、CFI、NFI 均大于 0.95。程序公平的组合信度（CR）为 0.852，大于 0.7；平均方差萃取（AVE，average variance extracted）为 0.594，大于 0.5；且各测量问项的因子负荷均在 0.01 的水平上显著（CR＞2.58），说明其具有较好的聚合效度，四个选项均值可以代表程序公平指标。分配公平四因素模型（DJ2、DJ3、DJ4、DJ5）的 χ^2/df 为 1.174，小于 3；RMR 为 0.008，小于 0.05；RMSEA 为 0.018，小于 0.08；SRMR 为 0.008，小于 0.08；GFI、AGFI、IFI、CFI、NFI 均大于 0.95。分配公平的组合信度（CR）为 0.854，大于 0.7；平均方差萃取（AVE）为 0.594，大于 0.5；且各测量问项的因子负荷均在 0.01 的水平上显著（CR＞2.58），说明其具有较好的聚合效度，四个选项均值可以代表分配公平指标。互动公平三因素模型（IJ2、IJ3、IJ4）为绝对适配模型，互动公平的组合信度（CR）为 0.872，大于 0.7；平均方差萃取（AVE）为 0.695，大于 0.5；且各测量问项的因子负荷均在 0.01 的水平上显著（CR＞2.58），说明其具有较好的聚合效度，三个选项均值可以代表互动公平指标。

公平感知潜在变量由分配公平（DJ）、程序公平（PJ）、互动公平（IJ）三指标进行测量。公平感知三因素模型为绝对适配模型，公平感知的组合信度（CR）为 0.755，大于 0.7；平均方差萃取（AVE）为 0.508，大于 0.5；且各测量问项的因子负荷均在 0.01 的水平上显著（CR＞2.58），说明公平感知构面具有较好的聚合效度（见表 4.14 和表 4.15）。

8. 居民支持态度潜在变量的验证与修正

根据以上标准对居民支持态度的四因素模型进行验证，模型适配度 χ^2/df 为 19.517，大于 5；RMSEA 为 0.184，大于 0.08；AGFI 为 0.820，小于 0.9，模型不太理想。根据 Modification Indices（修正指标）表，Support1（e1）的残差与 Support2（e2）、Support3（e3）的残差建立关联，可以使 χ^2/df 分别减少 19.246、13.735，p 值分别增加 0.034、−0.033（使 χ^2/df 减少，p 值增加，是我们修正模型的主要目标），可见 Support1（e1）的残差不独立，可以删

除残差不独立(残差相关的 MI 值较大者)的观测变量,删除 Support1(e1)观测变量之后,居民支持态度测量模型变成三因素绝对适配模型。居民支持态度构面的组合信度(CR)为 0.993,大于 0.7;平均方差萃取(AVE)为 0.823,大于 0.5;且各测量问项的因子负荷均在 0.01 的水平上显著(CR>2.58),说明居民支持态度构面具有较好的聚合效度(见表 4.14 和表 4.15)。

区别效度检验。在区别效度的检验方面,Fornell 等(1981)建议通过潜在变量平均方差萃取(AVE)值与潜在变量之间相关系数平方的比较,AVE应该要大于相关系数的平方或者潜在变量的皮尔森(Pearson)相关系数小于 AVE 平方根,如果潜在变量的 AVE 的平方根大于此潜在变量与其他潜在变量之间的皮尔森(Pearson)相关系数,则证明潜在变量与其他潜在变量之间具有明显区别效度。如表 4.16 所示,本研究所有潜在变量的 AVE 平方根均大于与其他潜在变量的相关系数,显示了良好的区别效度。此外,由表4.16所显示的潜在变量间相关系数可以发现,心理增权、政治增权、社会增权、经济增权与居民公平感知、居民支持态度,居民公平感知与居民支持态度之间相关系数均在 0.01 水平上显著,这个为后续的路径分析提供了基础证据。

表 4.16 潜在变量区别效度检验

潜在变量	均值	标准偏差	心理增权	政治增权	社会增权	经济增权	居民公平感知	居民支持态度
心理增权	3.817	0.677	**0.755**					
政治增权	2.619	0.978	0.391**	**0.816**				
社会增权	3.477	0.840	0.682**	0.502**	**0.822**			
经济增权	3.344	1.074	0.427**	0.394**	0.393**	**0.853**		
居民公平感知	3.294	0.666	0.441**	0.524**	0.464**	0.519**	**0.713**	
居民支持态度	4.143	0.776	0.404**	0.224**	0.354**	0.432**	0.377**	**0.907**

注:$N=549$,** 表示 $p<0.01$,对角线加粗为潜在变量 AVE 的平方根。

4.5 结构方程模型验证与假设检验

4.5.1 结构方程模型适配度检验

在上述测量模型及信度检验的基础上,我们使用 AMOS20.0 软件对整体模型的拟合情况以及潜在变量之间关系的研究假设进行统计检验,模型整体拟合指标 $\chi^2=409.019(p<0.001)$,由于 χ^2 受到样本数量的影响较大,因此我们综合选取了 $\chi^2/df=2.986$、RMR$=0.052$、RMSEA$=0.060$、SRMR$=0.053$、GFI$=0.928$、AGFI$=0.900$、IFI$=0.958$、CFI$=0.958$、NFI$=0.938$、PNFI$=0.751$、PCFI$=0.767$ 作为参考。一般情况下 χ^2 值 $p>0.05$;$\chi^2/df<2.00$(严谨),$\chi^2/df<3.00$(普通),$\chi^2/df<5.00$(宽松),数值愈接近 0 模型适配度愈佳;RMR<0.05,数值愈接近 0 模型适配度愈佳;RMSEA<0.08(若 RMSEA<0.05 良好;RMSEA<0.08 普通),90% 的置信区间介于 0.06 至 0.08 之间;SRMR<0.08(若 SRMR<0.05 良好;SRMR<0.08 普通);GFI>0.9,AGFI>0.9;IFI、CFI、NFI 均$\geqslant0.95$(普通适配为>0.9),数值愈接近 1 模型适配度愈佳。从以上模型拟合度指标来看,模型拟合度较好,但仍有提升的空间。

根据 Modification Indices 表对模型进一步修正和优化,Modification Indices 表显示,PSE4(e2)与 PSE3(e3)的残差建立关联,可以明显使 χ^2/df 减少 11.706,p 值增加 0.045,在 PSE4(e2)与 PSE3(e3)的残差建立关联之后,模型的拟合度指标为 $\chi^2/df=2.867$、RMR$=0.050$、RMSEA$=0.058$、SRMR$=0.051$、GFI$=0.932$、AGFI$=0.904$、IFI$=0.961$、CFI$=0.960$、NFI$=0.941$、PNFI$=0.748$、PCFI$=0.764$,模型拟合度进一步改进。

但是根据 Modification Indices 表,模型仍有进一步优化的空间,SOC2(e6)与 SOC3(e5)的残差建立关联,可以明显使 χ^2 减少 8.812,p 值增加 0.047,在 SOC2(e6)与 SOC3(e5)的残差建立关联之后,模型的拟合度指标 $\chi^2/df=2.723$,小于 3;RMR$=0.049$,小于 0.05;RMSEA$=0.056$,小于 0.08;SRMR$=0.049$,小于 0.05;GFI$=0.936$、AGFI$=0.910$、IFI$=0.964$、CFI$=0.964$、NFI$=0.944$,均大于 0.90;PNFI$=0.745$、PCFI$=0.761$,均大于 0.5,由此可见模型拟合度良好,并具有良好的简约度(见图 4.1)。

表 4.17 总结了本研究的假设检验情况,本研究提出的研究假设大多数得到了数据的支持。居民旅游经济增权对居民支持态度($\beta_1=0.236^{**}$,$p<0.001$)、居民公平感知($\beta_5=0.418^{**}$,$p<0.001$)均有显著的正向影响,因此假设 H1-1 和假设 H2-1 得到了数据支持,研究假设 H1-1 和假设 H2-1 均成立。居民心理增权对居民支持态度($\beta_2=0.246^{*}$,$p<0.05$)具有显著正向影响,因此假设 H1-2 得到了数据的支持,研究假设 H1-2 成立;而心理增权对居民公平感知($\beta_7=0.152^{*}$,$p>0.05$)未通过数据的验证,假设 H2-2 不

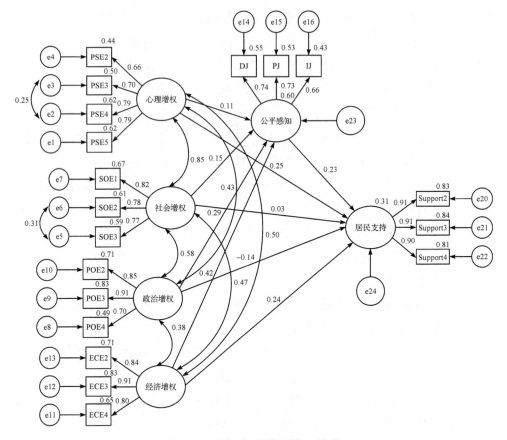

图 4.1 结构方程模型输入结果

成立。居民社会增权对居民支持态度及公平感知的影响未通过数据验证，因此假设 H1-3、H2-3 均不成立。居民政治增权对居民支持态度的影响不显著，未得到数据支持，假设 H1-4 不成立；而居民政治增权对居民公平感知（$\beta_8 = 0.294^{**}$，$p < 0.001$）具有显著正向影响，因此研究假设 H2-4 得到了数据的支持，研究假设 H2-4 成立。居民公平感知对居民支持态度（$\beta_9 = 0.230^*$，$p < 0.05$）具有显著正向影响，研究假设 H3 得到了数据支持，因此，研究假设 H3 成立。

路径系数反映了潜在变量之间的关系和影响程度；R^2 表示内潜在变量被解释的程度，也反映了模型的预测能力，一般认为 R^2 大于 0.3 就达到合理水平。模型内潜在变量公平感知、居民支持态度的解释度分别为 0.6、0.31，这说明这些变量被解释的程度较高，显示了模型具有良好的统计效力，进一步验证了居民经济增权、政治增权对居民公平感知的影响，居民经济增权、心理增权、居民公平感知对居民支持态度的影响。

　　根据以上研究验证结果,笔者认为社会增权对居民支持态度的影响(H1-3)不显著的原因在于旅游发展改变了海岛固有的社会结构和社会关系,旅游发展之后,居民明显地感到社区凝聚力不是增加了而是减少了,人与人之间的关系不是亲密了而是疏远了。社会增权对居民公平感知影响(H2-3)不显著的原因在于旅游社会增权的均值与居民公平感知的均值都不高,居民社会增权与公平感知的状态均不理想。政治增权对居民支持态度的影响(H1-4)不显著的原因在于当前海岛社区居民的旅游增权处于以经济增权为主的阶段,其居民被排斥在核心决策圈之外,居民旅游政治权利严重缺失。心理增权对居民公平感知的影响(H2-2)不显著的原因在于居民感知到不公平或者居民心理增权感知度高,而公平感知度较低,因而心理增权对公平感知的影响不显著。

表 4.17　路径系数估计与研究假设检验

研究假设	标准化路径系数	标准误	t 值	假设检验
H1-1 经济增权→居民支持	$\beta_1 = 0.236^{**}$	0.049	3.762	成立
H1-2 心理增权→居民支持	$\beta_2 = 0.246^{*}$	0.140	2.033	成立
H1-3 社会增权→居民支持	$\beta_3 = 0.032$	0.128	0.244	不成立
H1-4 政治增权→居民支持	$\beta_4 = -0.143^{*}$	0.063	-2.269	不成立
H2-1 经济增权→居民公平感知	$\beta_5 = 0.418^{**}$	0.036	7.210	成立
H2-2 心理增权→居民公平感知	$\beta_6 = 0.106^{*}$	0.109	0.879	不成立
H2-3 社会增权→居民公平感知	$\beta_7 = 0.152^{*}$	0.099	1.179	不成立
H2-4 政治增权→居民公平感知	$\beta_8 = 0.294^{**}$	0.045	5.090	成立
H3 居民公平感知→居民支持	$\beta_9 = 0.230^{*}$	0.108	2.706	成立

注:$N = 549$,** 表示 $P < 0.001$,* 表示 $P < 0.05$

4.5.2　公平感知的中介效应检验

　　如果自变量 X 通过某一变量 M 对因变量 Y 产生一定影响,则称 M 为 X 和 Y 的中介变量。传统检验中介效果的方法是依次检验回归系数。如果下面两个条件成立,则中介效果显著:(1)自变量显著影响因变量;(2)在因果链中任何一个变量,当控制了它前面的变量(包括自变量)后,显著影响它的后继变量;(3)在控制中介变量后,自变量对因变量的影响不显著的话,为完全的中介效果(温忠麟等,2012)。鉴于 Bootstrap 法检验结果更加精确,目前已经逐渐取代逐步回归和 Sobel 检验,成为中介效应检验时普遍被认可的方法(方杰等,2011)。按照 Zhao 等(2010)提出的中介效应分析程序,参照 Preacher 等(2004)提出的 Bootstrap 方法进行中介效应检验,样本量选择 5000,在 95％的置信区间下,中介检验的结果的确没有包含 0,表明中介效果存在。

从表 4.18 的检验结果可看出,经济增权对居民支持态度的影响存在总效果、间接效果、直接效果在 95％的置信区间下(下界,上界)不包括 0,可见,经济增权对居民支持态度的影响总效果、直接效果、间接效果均在,因此,公平感知在经济增权对居民支持态度影响过程中存在中介效果,由于既存在直接效果、又存在间接效果,因此公平感知起到不完全中介效果作用,数据证明假设 H4-1 成立。心理增权、社会增权、政治增权对居民支持态度的影响存在总效果、间接效果、直接效果在 95％的置信区间下(下界,上界)包括 0,因此公平感知在心理增权、社会增权、政治增权的影响过程中不存在中介效果,数据证明假设 H4-2、H4-3、H4-4 不成立。

表 4.18　Bootstrap 中介效应检验结果

影响路径	95％置信度		
	总效果	直接效果	间接效果
	(下界,上界)	(下界,上界)	(下界,上界)
H4-1 经济增权→居民支持态度	(0.172,0.349)	(0.162,0.292)	(0.012,0.163)
H4-2 心理增权→居民支持态度	(−0.051,0.613)	(−0.082,0.592)	(−0.046,0.149)
H4-3 社会增权→居民支持态度	(−0.199,0.402)	(−0.25,0.366)	(−0.190,0.161)
H4-4 政治增权→居民支持态度	(−0.193,0.054)	(−0.275,0.001)	(−0.193,0.158)

根据以上检验,可以看出居民公平感知在政治增权、社会增权与心理增权对居民支持态度影响之间不存在中介效应,其原因在于海岛社区居民的公平感知、社会增权与政治增权的感知度较低,当感知不到政治权利增加,而又明显地感知社会关系破裂、社区凝聚力下降、社区存在严重的分配不公平时,居民对发展旅游表现出一种怀疑、冷漠或者不支持态度。

4.5.3　社会资本的调节效应检验

如果两个变量之间的关系(如 Y 与 X 的关系)是变量 M 的函数,称 M 为调节变量(Baron et al.,1986;James et al.,1984)。调节变量可以是定性的(如性别、种族、班级等),也可以是定量的(如年龄、受教育年限、刺激次数等),它影响因变量和自变量之间的关系方向(正或负)或强弱(Baron、Kenny,1986;温忠麟等,2012)。温忠麟等(2012)提出用回归分析的方式,做回归分析系数的显著性检验。为了减少和 X_1，X_2 的相关，即减少三个自变量多种共线性的可行性，应将 X_1，X_2 中心化得到 ZX_1，ZX_2，然后得到它们的乘积项 ZX_1X_2，之后做层次回归分析：

（1）做 Y 对 ZX_1，ZX_2 回归，得到平方复相关系数 R_1^2；

（2）做 Y 对 ZX_1，ZX_2 回归和 ZX_1X_2 的回归得 R_2^2。如果 ZX_1X_2 的回归系数显著，则 R_2^2 显著高于 R_1^2。$R_2^2 - R_1^2$ 是两个模型的 ΔR^2 变化，衡量了交互效应项 X_1X_2 对解释 Y 的变异的额外贡献。

按照温忠麟等提出的调节效应检验方法，先将旅游增权（心理增权、经济增权、政治增权）与社会资本代入回归方程，再将旅游增权（心理增权、经济增权、政治增权）与社会资本的交互项代入回归方程，通过这两步回归模型的比较，来判断社会资本的调节效应。该过程的第一个回归模型中包含自变量与调节变量，第二个回归模型中除了包含自变量与调节变量外，还包含了自变量与调节变量的交互作用项。设自变量旅游增权（心理增权、经济增权）为 X，因变量居民支持态度为 Y，调节变量社会资本为 M，得到第一个回归模型为 $Y = b_0 + b_1X + b_2M$，第二个回归模型为 $Y = b_0 + b_1X + b_2M + b_3XM$，$XM$ 即代表旅游增权（心理增权、经济增权）与社会资本的交互项。然后以同样的方式设自变量旅游增权（经济增权、政治增权）为 X，因变量居民公平感知为 Y，调节变量社会资本为 M，得到第一个回归模型为 $Y = b_0 + b_1X + b_2M$，第二个回归模型为 $Y = b_0 + b_1X + b_2M + b_3XM$，$XM$ 即代表旅游增权（经济增权、政治增权）与社会资本的交互项。

表 4.19　心理增权对居民支持态度影响的层级回归结果

模型	非标准化系数 β	标准化系数 β	t	显著性（p）	R^2	ΔR^2	ΔF
（常数）	4.143		137.522	0.000			
Zscore（心理增权）	0.292	0.376	9.364	0.000	0.175	0.011	7.598
Zscore（社会资本）	0.086	0.111	2.756	0.006			
（常数）	4.149		134.779	0.000			
Zscore（心理增权）	0.289	0.373	9.261	0.000			
Zscore（社会资本）	0.087	0.112	2.780	0.006	0.176	0.001	0.913
心理增权×社会资本	−0.024	−0.037	−0.955	0.340			

在心理增权与居民支持态度的回归模型的数据显示中(见表 4.19),交互变量心理增权×社会资本回归系数为-0.037,$p=0.340$($p>0.05$),未通过显著性检验。其中 R_2^2 为 0.176($p>0.05$),相比原模型 R_1^2 系数 0.175,ΔR^2(0.001)并没有发生显著改善,也就是说,排除自变量心理增权和调节变量社会资本,心理增权与社会资本的交互项对因变量居民支持态度的变异解释额外贡献了 0.1%,说明社会资本在心理增权与居民支持态度影响关系之间不存在显著的调节作用,研究假设 H6-1 不成立。

表 4.20 经济增权对居民支持态度影响的层级回归结果

模型	非标准化系数 β	标准化系数 β	t	显著性(p)	R^2	ΔR^2	ΔF
(常数)	4.143		140.050	0.000			
Zscore(经济增权)	0.317	0.409	10.545	0.000	0.017	0.011	11.998
Zscore(社会资本)	0.104	0.134	3.464	0.001			
(常数)	4.155		139.385	0.000			
Zscore(经济增权)	0.327	0.421	10.829	0.000			
Zscore(社会资本)	0.103	0.133	3.438	0.001	0.213	0.009	6.203
经济增权×社会资本	0.067	0.095	2.491	0.013			

在经济增权与居民支持态度的回归模型的数据显示中(见表 4.20),交互变量经济增权×社会资本回归系数为 0.095,$p=0.013$($p<0.05$),通过显著性检验。其中 R_2^2 为 0.209($p<0.05$),相比原模型 R_1^2 系数 0.201,ΔR^2(0.009)发生显著改善,也就是说,排除自变量经济增权和调节变量社会资本,经济增权与社会资本的交互项对因变量居民支持态度的变异解释额外贡献了 0.9%,说明社会资本在经济增权与居民支持态度影响关系之间存在调节作用,研究假设 H6-4 成立。

为更清晰地阐明社会资本的调节效应,可以分别以高低两种情况制作调解效应图,其中以大于均值一个标准偏差的值为高经济增权调节变量,以小于均值一个标准偏差的值为低经济增权调节变量,代入 Excel 表中作图。如图 4.2 所示,当社会资本比较高时,经济增权对居民支持态度影响作用加强,社会资本的调节效应比较强烈;当社会资本比较低时,经济增权对居民支持态度影响作用比较舒缓,社会资本调节效应较弱。

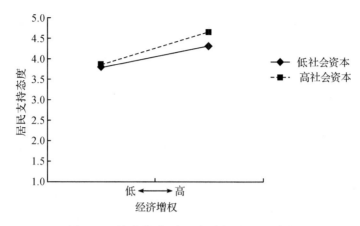

图 4.2　社会资本对经济增权的调节效应

在政治增权与居民公平感知的回归模型的数据显示中(见表 4.21),交互变量政治增权×社会资本回归系数为 0.044,$p=0.028$($p<0.05$),通过显著性检验。其中 R_2^2 为 0.373($p<0.05$),相比原模型 R_1^2 系数 0.367,ΔR^2(0.006)发生显著改善,也就是说,排除自变量政治增权和调节变量社会资本,政治增权与社会资本的交互项对因变量居民公平感知的变异解释额外贡献了 0.6%,说明社会资本在政治增权与居民公平感知影响关系之间存在调节作用,研究假设 H5-3 成立。

表 4.21　政治增权对居民公平感知影响的层级回归结果

模型	非标准化系数 β	标准化系数 β	t	显著性(p)	R^2	ΔR^2	ΔF
(常数)	3.293	0.439	145.437	0.000			
Zscore(政治增权)	0.300	0.322	12.869	0.000	0.367	0.011	80.019
Zscore(社会资本)	0.209	0.076	8.945	0.000			
(常数)	3.283	0.439	142.522	0.000			
Zscore(政治增权)	0.292	0.322	12.459	0.000			
Zscore(社会资本)	0.214	0.076	9.164	0.000	0.373	0.006	4.876
政治增权×社会资本	0.044	0.439	2.208	0.028			

为更清晰地阐明社会资本的调节效应,可以分别以高低两种情况做调解效应图,其中以大于均值一个标准偏差的值为高政治增权,以小于均值一个标准偏差的值为低政治增权,代入 Excel 表中作图。如图 4.3 所示,当社会资本比较高时,政治增权对居民公平感知影响的作用加强,从图 4.3 中可知社会资本存在调节效应,但是高社会资本的调节作用强度一般。当社会

资本比较低时,政治增权对居民公平感知的影响作用比较舒缓,低社会资本调节效应不明显。

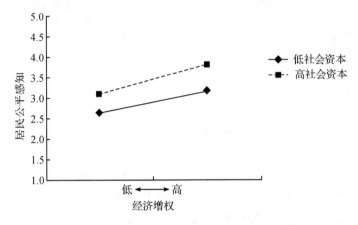

图 4.3 社会资本对政治增权的调节效应

在经济增权与居民公平感知的回归模型的数据显示中(见表 4.22),交互变量经济增权×社会资本回归系数为 -0.018,$p = 0.380(p > 0.05)$,未通过显著性检验。其中 R_2^2 为 $0.381(p > 0.05)$,相比原模型 R_1^2 系数 0.382,$\Delta R^2(0.001)$ 发生显著改善,也就是说,排除自变量经济增权和调节变量社会资本,经济增权与社会资本的交互项对因变量居民公平感知的变异解释额外贡献了 0.1%,说明社会资本在经济增权对居民公平感知影响关系之间不存在调节作用,研究假设 H5-4 不成立。

通过以上检验,社会资本在经济增权、心理增权对居民公平感知的影响之间没有调节作用,主要是由几个方面的原因造成的。首先是旅游发展之后,海岛社区居民的社会资本存量不高,社区居民之间社会关系结构发生了变化,而且随着旅游利益纠葛,社区居民之间的信任度降低,社会规范作用不明显,这些因素综合起来导致了居民公平感知的状态不理想,社会资本调节作用不显著。

表 4.22 经济增权对公平感知影响的层级回归结果

模型	非标准化系数 β	标准化系数 β	t	显著性(p)	R^2	ΔR^2	ΔF
(常数)	3.293		147.064	0.000			
Zscore(经济增权)	0.307	0.461	13.477	0.000	0.381	0.111	98.146
Zscore(社会资本)	0.225	0.339	9.907	0.000			

续　表

模型	非标准化系数 β	标准化系数 β	t	显著性(p)	R^2	ΔR^2	ΔF
（常数）	3.297		145.374	0.000			
Zscore(经济增权)	0.309	0.465	13.474	0.000	0.382	0.001	0.771
Zscore(社会资本)	0.225	0.338	9.889	0.000			
经济增权× 社会资本	−0.018	−0.030	−0.878	0.380			

社会资本在心理增权对居民支持态度影响之间不具有调节作用是因为旅游的发展导致了社区社会资本的变化,社会资本的变化在一定程度上影响着居民心理增权感知。社会资本存量降低导致了居民在心理上对发展旅游产生怀疑,因此社会资本调节作用不明显。

通过对结构方程模型验证、居民公平感知的中介效应验证、社会资本的调节效应验证,研究假设验证汇总结果见表 4.23。

表 4.23　研究假设验证汇总

研究假设	假设检验
H1-1、H1-2:经济增权、心理增权对居民支持态度具有显著正向影响	成立
H1-3、H1-4:社会增权、政治增权对居民支持态度具有显著正向影响	不成立
H2-1、H2-4:经济增权、政治增权对居民支持态度具有显著正向影响	成立
H2-2、H2-3:心理增权、社会增权对居民支持态度具有显著正向影响	不成立
H3:居民公平感知对居民旅游支持态度有显著正向影响	成立
H4-1、H4-2、H4-3:居民公平感知在经济增权(H4-1)、心理增权(H4-2)、社会增权(H4-3)对旅游支持态度影响之间具有中介作用	不成立
H4-4 居民公平感知在政治增权对旅游支持态度影响之间具有中介作用	成立
H5-1、H5-2、H5-3:社会资本在心理增权(H5-1)、社会增权(H5-2)、政治增权(H5-3)对居民公平感知影响之间具有调节作用	不成立
H5-4:社会资本在经济增权对居民公平感知影响之间具有调节作用	成立
H6-1、H6-2、H6-4:社会资本在心理增权(H6-1)、社会增权(H6-2)、经济增权(H6-4)对居民支持态度影响之间具有调节作用	不成立
H6-3:社会资本在政治增权对居民支持态度影响之间具有调节作用	成立

4.5.4 修正模型之确定

基于上述检验结果,将结构方程式模型中影响不显著的路径隐去,确立基于社会资本调节变量的"旅游增权—居民公平感知—居民支持态度"模型。基于舟山海岛目的地数据实证,旅游增权包括心理增权、社会增权、政治增权、经济增权 4 个维度,但是社会增权在模型中的影响路径不显著。经济增权对居民公平感知与居民支持态度均有显著影响,政治增权对居民公平感知有显著正向影响,而心理增权对居民支持态度有显著影响;居民公平感知对居民支持态度有显著影响,并在经济增权与居民支持态度之间起着中介作用;社会资本在经济增权对居民公平感知、政治增权对居民支持态度影响关系之间具有正向调节作用。此模型基于舟山海岛旅游目的地社区的实证研究提出并得到验证,还将在其他旅游类型研究中进行验证。"旅游增权—居民公平感知—居民支持态度"模型(见图 4.4)将为舟山海岛旅游目的地及其他旅游目的地社区居民参与与管理提供理论指导。

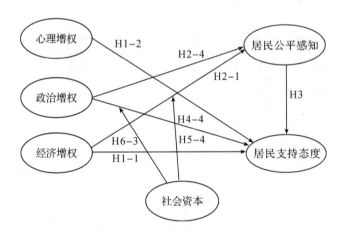

图 4.4 修正后的"旅游增权—居民公平感知—居民支持态度"模型

4.6 模型的影响路径差异性分析

基于上述验证的模型,我们有必要对各类型(性别、区域、参与程度)分别加以分析,研究不同模型的影响路径差异。本研究不对每一组(类型)重绘模型,不同类别都用上述同样的模型进行分析。在进行模型影响路径差异分析时主要参考模型的"Pairwise Parameter Comparisons"(成对参数比较)指标以及非标准化影响路径系数,把这些数据指标输入 Excel 表中,然后观察 Zscore。若 Zscore 的值显著,表示两组模型的影响路径存在显著差异;若 Zscore 的值不显著,表示两组模型的影响路径不存在显著差异(荣泰生,2010)。本研究从不同性别、不同区域、不同参与情况、增权感知高低层次、公平感知高低层次等角度分析影响路径差异。

4.6.1　不同性别群体的影响路径差异

基于男女性别群体的分组比较,模型的适配度指标为 $\chi^2/df = 2.058$、RMR $= 0.053$、RMSEA $= 0.044$、SRMR $= 0.050$、GFI $= 0.907$、AGFI $= 0.869$、IFI $= 0.956$、CFI $= 0.956$、NFI $= 0.918$、PNFI $= 0.725$、PCFI $= 0.754$,模型适配度良好。如表 4.24 所示,男性与女性群体在经济增权对居民支持的影响路径上存在显著差异,男性群体在经济增权对居民支持态度的影响路径上不显著($0.05 < p < 0.1$),而女性的影响路径显著($p < 0.01$),影响路径的标准化系数为 0.31;男性与女性群体在公平感知对居民支持态度的影响路径上也存在显著差异,其中男性群体在公平感知对居民支持态度的影响路径上显著($p < 0.01$),而女性群体在公平感知对居民支持态度的影响路径上不显著($p > 0.1$)。

表 4.24　不同性别群体的影响路径差异

影响路径	男性			女性			观测标准
	标准化系数	非标准化系数	p	标准化系数	非标准化系数	p	Zscore
心理增权→居民公平感知	0.069	0.059	0.668	0.149	0.144	0.352	0.413
社会增权→居民公平感知	0.210	0.151	0.252	0.058	0.046	0.729	−0.557
政治增权→居民公平感知	0.319	0.233	0.000	0.287	0.233	0.000	0.006
经济增权→居民公平感知	0.417	0.259	0.000	0.409	0.243	0.000	−0.240
社会增权→居民支持态度	−0.143	−0.135	0.485	0.202	0.206	0.211	1.342
经济增权→居民支持态度	0.116	0.095	0.232	0.351	0.264	0.000	1.683 *
政治增权→居民支持态度	−0.173	−0.166	0.086	−0.130	−0.133	0.108	0.257
公平感知→居民支持态度	0.412	0.540	0.005	0.092	0.117	0.358	−1.836 *
心理增权→居民支持态度	0.389	0.431	0.030	0.082	0.101	0.596	−1.197

注:*** 表示 $p < 0.01$;** 表示 $p < 0.05$;* 表示 $p < 0.10$。

4.6.2 不同区域的影响路径差异

基于不同区域所在地的分组比较,模型的适配度指标为 $\chi^2/df=1.729$、RMR $=0.052$、RMSEA $=0.037$、SRMR $=0.086$、GFI $=0.886$、AGFI $=0.839$、IFI $=0.952$、CFI $=0.951$、NFI $=0.894$、PNFI $=0.706$、PCFI $=0.751$,模型适配度一般。如表 4.25 至表 4.27 所示,不同区域所在地的居民在心理增权、政治增权对居民公平感知的影响路径上存在显著差异。普陀山与朱家尖的居民在心理增权、政治增权对居民公平感知的影响路径上均存在差异,普陀山居民的心理增权对居民公平感知的影响不显著($p>0.1$),而朱家尖居民的影响显著($p<0.1$),两者存在差异;普陀山居民的政治增权对居民公平感知的影响显著($0.01<p<0.05$),而朱家尖居民的影响也显著($p<0.01$),两者存在差异。普陀山与桃花岛居民在政治增权对居民公平感知的影响路径上存在差异($0.01<p<0.05$),朱家尖($0.05<p<0.1$)与桃花岛($p>0.1$)居民在心理增权对居民公平感知的影响路径上存在差异。

表 4.25 普陀山与朱家尖居民的影响路径差异

影响路径	普陀山			朱家尖			观测标准
	标准化系数 β	非标准化系数 β	p	标准化系数 β	非标准化系数 β	p	Zscore
心理增权→居民公平感知	0.220	0.345	0.111	−0.321	−0.227	0.057	−2.313 **
社会增权→居民公平感知	0.218	0.257	0.284	0.313	0.173	0.092	−0.321
政治增权→居民公平感知	−0.310	−0.508	0.018	0.530	0.241	0.000	3.421 ***
经济增权→居民公平感知	0.248	0.301	0.000	0.430	0.231	0.000	−0.705
社会增权→居民支持态度	0.075	0.068	0.764	0.064	0.045	0.780	−0.080
经济增权→居民支持态度	0.099	0.092	0.267	0.298	0.206	0.037	0.888
政治增权→居民支持态度	−0.182	−0.225	0.254	−0.161	−0.094	0.252	0.614
公平感知→居民支持态度	0.077	0.059	0.364	0.163	0.209	0.424	0.558
心理增权→居民支持态度	0.126	0.150	0.461	0.209	0.190	0.326	0.144

注:*** 表示 $p<0.01$;** 表示 $p<0.05$;* 表示 $p<0.10$。

表 4.26 普陀山与桃花岛居民的影响路径差异

影响路径	普陀山			桃花岛			观测标准
	标准化系数 β	非标准化系数 β	p	标准化系数 β	非标准化系数 β	p	Zscore
心理增权→居民公平感知	0.220	0.345	0.111	0.185	0.173	0.360	−0.599
社会增权→居民公平感知	0.218	0.257	0.284	0.173	0.147	0.402	−0.370
政治增权→居民公平感知	−0.310	−0.508	0.018	0.268	0.224	0.011	3.151 ***
经济增权→居民公平感知	0.248	0.301	0.000	0.269	0.195	0.007	−0.948
社会增权→居民支持态度	0.075	0.068	0.764	−0.074	−0.078	0.742	−0.446
经济增权→居民支持态度	0.099	0.092	0.267	0.057	0.051	0.613	−0.315
政治增权→居民支持态度	−0.182	−0.225	0.254	0.089	0.091	0.455	1.363
公平感知→居民支持态度	0.077	0.059	0.364	0.137	0.168	0.326	0.598
心理增权→居民支持态度	0.126	0.150	0.461	0.357	0.410	0.111	0.793

注：*** 表示 $p < 0.01$；** 表示 $p < 0.05$；* 表示 $p < 0.10$。

表 4.27 朱家尖与桃花岛居民的影响路径差异

影响路径	朱家尖			桃花岛			观测标准
	标准化系数 β	非标准化系数 β	p	标准化系数 β	非标准化系数 β	p	Zscore
心理增权→居民公平感知	−0.321	−0.227	0.057	0.185	0.173	0.360	1.791 *
社会增权→居民公平感知	0.313	0.173	0.092	0.173	0.147	0.402	−0.128
政治增权→居民公平感知	0.530	0.241	0.000	0.268	0.224	0.011	−0.172
经济增权→居民公平感知	0.430	0.231	0.000	0.269	0.195	0.007	−0.394
社会增权→居民支持态度	0.064	0.045	0.780	−0.074	−0.078	0.742	−0.430
经济增权→居民支持态度	0.298	0.206	0.037	0.057	0.051	0.613	−1.103
政治增权→居民支持态度	−0.161	−0.094	0.252	0.089	0.091	0.455	1.259
公平感知→居民支持态度	0.163	0.209	0.424	0.137	0.168	0.326	−0.131
心理增权→居民支持态度	0.209	0.190	0.326	0.357	0.410	0.111	0.682

注：*** 表示 $p < 0.01$；** 表示 $p < 0.05$；* 表示 $p < 0.10$。

4.6.3 不同参与程度的影响路径差异

基于不同参与程度的模型分组比较,模型的适配度指标为 $\chi^2/df = 2.120$、RMR $= 0.055$、RMSEA $= 0.045$、SRMR $= 0.052$、GFI $= 0.903$、AGFI $=$

0.864、IFI＝0.951、CFI＝0.950、NFI＝0.910、PNFI＝0.719、PCFI＝0.750,模型适配度良好。如表4.28所示,参与旅游程度不同的居民在政治增权、经济增权对居民公平感知的影响路径上存在显著差异。参与旅游的居民在政治增权对居民公平感知的影响上显著(p<0.05),而不参与旅游的居民不显著(p>0.05);参与旅游的居民在经济增权对居民公平感知的影响上显著(p<0.05),而不参与旅游的居民也显著(p<0.05),但是两者之间存在差异。

表4.28　不同参与程度的影响路径差异

影响路径	参与			未参与			观测标准
	标准化系数 β	非标准化系数 β	p	标准化系数 β	非标准化系数 β	p	Zscore
心理增权→居民公平感知	0.051	0.046	0.699	0.227	0.200	0.213	0.775
社会增权→居民公平感知	0.175	0.117	0.245	0.141	0.113	0.445	−0.023
政治增权→居民公平感知	0.369	0.248	0.000	0.079	0.069	0.408	−1.852 *
经济增权→居民公平感知	0.327	0.193	0.000	0.561	0.383	0.000	2.506 **
社会增权→居民支持态度	0.130	0.114	0.387	−0.171	−0.172	0.441	−1.103
经济增权→居民支持态度	0.271	0.211	0.000	0.006	0.005	0.973	−1.297
政治增权→居民支持态度	−0.161	−0.142	0.032	−0.053	−0.058	0.643	0.600
公平感知→居民支持态度	0.174	0.229	0.047	0.323	0.406	0.179	0.548
心理增权→居民支持态度	0.144	0.170	0.268	0.420	0.465	0.065	1.001

注:*** 表示 p< 0.01; ** 表示 p< 0.05; * 表示 p< 0.10。

4.6.4　不同公平感知层次的影响路径差异

不同公平感知的高低层次以居民公平感知的平均值为分界线,低于平均值的为低公平感知,高于平均值的为高公平感知。基于不同公平感知层次的模型分组比较,模型的适配度指标为 χ^2/df＝2.019、RMR＝0.048、RMSEA＝0.043、SRMR＝0.069、GFI＝0.905、AGFI＝0.867、IFI＝0.949、CFI＝0.948、NFI＝0.904、PNFI＝0.713、PCFI＝0.749,模型适配度良好。

数据显示,高公平感知群体与低公平感知群体在政治增权、经济增权对居民公平感知的影响路径上存在显著差异。低公平感知群体的政治增权感知对居民公平感知的影响不显著(p>0.05),高公平感知的影响显著(p<

0.05);低公平感知群体的经济增权感知对居民公平感知的影响显著($p<$
0.05),高公平感知的影响也显著($p<0.05$),但是两者影响路径存在差异
(见表 4.29)。

表 4.29　不同公平感知层次的影响路径差异

影响路径	低公平感知			高公平感知			观测标准
	标准化系数 β	非标准化系数 β	p	标准化系数 β	非标准化系数 β	p	Zscore
心理增权→居民公平感知	0.144	0.128	0.513	0.431	0.207	0.015	0.367
社会增权→居民公平感知	0.045	0.035	0.845	−0.083	−0.033	0.652	−0.351
政治增权→居民公平感知	−0.111	−0.104	0.248	0.425	0.181	0.000	2.857 ***
经济增权→居民公平感知	0.719	0.435	0.000	0.264	0.099	0.002	−5.105 ***
社会增权→居民支持态度	−0.065	−0.075	0.749	0.218	0.179	0.144	0.959
经济增权→居民支持态度	0.249	0.221	0.098	0.224	0.174	0.007	−0.317
政治增权→居民支持态度	−0.086	−0.118	0.321	−0.207	−0.182	0.062	−0.419
公平感知→居民支持态度	0.071	0.105	0.680	0.323	0.666	0.086	1.210
心理增权→居民支持态度	0.331	0.433	0.094	0.039	0.038	0.815	−1.288

注: *** 表示 $p<0.01$; ** 表示 $p<0.05$; * 表示 $p<0.10$。

4.6.5　不同增权感知层次的影响路径差异

不同心理增权、政治增权、经济增权感知的高低层次以居民增权感知的
平均值为分界线,低于平均值的为低旅游增权感知,高于平均值的为高旅游
增权感知。以高低两个不同层次进行模型分组比较,数据显示,高低经济增
权、高低政治增权、高低社会增权等不同层次旅游增权感知群体,在心理增
权、政治增权、经济增权对居民公平感知及支持态度的影响路径,公平感知
对居民支持态度的影响路径上均不存在明显差异。

4.7　单因素方差分析(ANOVA)

在本书第 2 章文献综述中已指出,不少文献研究都发现了性别、年龄、
受教育程度、家庭年收入、区域所在地、是否参与旅游等人口统计学变量都

会对居民的旅游增权感知、公平感知、旅游支持态度产生不同程度的影响，但也有文献得出不一致的结果，并未形成统一的结论。为了进一步对这一问题进行探索，本研究使用 SPSS22.0 软件，通过单因素方差分析（ANOVA）的方法对不同人口统计学特征变量下居民的心理增权、政治增权、经济增权、公平感知、居民支持态度等方面的差异进行分析。分析前首先将心理增权、政治增权、经济增权、公平感知、居民支持态度 5 个潜在变量求均值，形成单一指标，再逐一分析它们在不同性别、年龄、教育背景、家庭收入、所在区域、是否参与旅游业等变量下的差异情况。

4.7.1 不同性别群体的感知差异

单因素方差分析的结果如表 4.30 所示，本研究中不同性别的居民在心理增权、政治增权、经济增权、公平感知、居民支持态度、社会资本上均没有显著差异（$p > 0.05$）。虽然有不少研究指出男性和女性旅游增权（Boley，2016）、公平感知方面存在差异，但本研究的结论至少说明这一影响是不稳定的。

表 4.30　不同性别群体的感知差异

感知差异		平方和	df	均方值	F	p
心理增权	群组之间	0.004	1	0.004	0.010	0.922
	在群组内	250.877	547	0.459		
	小计	250.881	548			
政治增权	群组之间	0.016	1	0.016	0.017	0.898
	在群组内	523.721	547	0.957		
	小计	523.737	548			
经济增权	群组之间	2.736	1	2.736	2.377	0.124
	在群组内	629.539	547	1.151		
	小计	632.275	548			
居民公平感知	群组之间	0.017	1	0.017	0.037	0.847
	在群组内	242.810	547	0.444		
	小计	242.827	548			
居民支持态度	群组之间	0.366	1	0.366	0.608	0.436
	在群组内	329.251	547	0.602		
	小计	329.617	548			
总计		224.059	548			

4.7.2　不同年龄群体的感知差异

单因素方差分析的结果如表 4.31 所示,本研究中不同年龄阶段的居民在心理增权、经济增权和居民支持态度上均存在差异($p<0.05$),而在政治增权、公平感知、社会资本上均没有显著差异($p>0.05$)。

通过(LSD)及均值比较发现,在心理增权感知上,25~44 岁的群体($M=3.910$)与 24 岁以下的群体($M=3.664$)、46~64 岁的群体($M=3.752$)分别均有显著差异($p<0.05$),24 岁以下群体的心理增权感知较低;在经济增权感知方面,24 岁以下群体($M=3.446$)与 65 岁以上群体($M=2.968$)有差异($p<0.05$),25~44 岁群体($M=3.446$)与 45~64 岁群体($M=3.247$)、65 岁以上群体($M=2.968$)分别均有显著差异($p<0.05$),其中老年人的经济增权感知最低;在公平感知方面,24 岁以下群体($M=3.454$)与 45~64 岁($M=3.274$)群体有显著差异($p<0.05$);在居民支持态度方面,24 岁以下群体($M=4.440$)、25~44 岁的群体($M=4.239$)与 45~64 岁群体($M=4.008$)、65 岁以上群体($M=3.906$)分别均有显著差异($p<0.05$)(组间内分层比较数据未列入表中)。

表 4.31　不同年龄群体的感知差异

感知差异		平方和	df	均方值	F	p
心理增权	群组之间	4.380	3	1.460	3.228	0.022
	在群组内	246.501	545	0.452		
	总计	250.881	548			
政治增权	群组之间	2.730	3	0.910	0.952	0.415
	在群组内	521.007	545	0.956		
	总计	523.737	548			
经济增权	群组之间	10.653	3	3.551	3.113	0.026
	在群组内	621.622	545	1.141		
	总计	632.275	548			
居民公平感知	群组之间	2.834	3	0.945	2.145	0.094
	在群组内	239.993	545	0.440		
	总计	242.827	548			
居民支持态度	群组之间	12.803	3	4.268	7.342	0.000
	在群组内	316.814	545	0.581		
	总计	329.617	548			

4.7.3 不同教育背景群体的感知差异

单因素方差分析的结果如表 4.32 所示,本研究中不同教育背景的居民在心理增权、经济增权和居民支持态度上均存在差异($p<0.05$),而在政治增权、公平感知、社会资本上均没有显著差异($p>0.05$)。

通过(LSD)及均值比较发现,在心理增权感知上,本科/专科学历群体($M=4.004$)与初中以下学历群体($M=3.745$)、中专及高中学历群体($M=3.804$)有显著差异($p<0.05$);在经济增权感知上,初中及以下学历群体($M=3.155$)与中专及高中学力群体($M=3.447$)、大专/本科学历群体($M=3.599$)有显著差异($p<0.05$);在居民支持态度上,初中及以下学历群体($M=3.971$)与中专及高中学因群体($M=4.197$)、大专/本科学历群体学历($M=4.401$)有显著差异($p<0.05$),中专及高中与大专/本科群体也有显著差异(组间内分层比较数据未列入表中)。

表 4.32 不同教育背景群体的感知差异

感知差异		平方和	df	均方值	F	p
心理增权	群组之间	6.051	3	2.017	4.490	0.004
	在群组内	244.830	545	0.449		
	总计	250.881	548			
政治增权	群组之间	4.012	3	1.337	1.402	0.241
	在群组内	519.725	545	0.954		
	总计	523.737	548			
经济增权	群组之间	19.156	3	6.385	5.676	0.001
	在群组内	613.119	545	1.125		
	总计	632.275	548			
居民公平感知	群组之间	1.885	3	0.628	1.421	0.236
	在群组内	240.941	545	0.442		
	总计	242.826	548			
居民支持态度	群组之间	16.015	3	5.338	9.277	0.000
	在群组内	313.602	545	0.575		
	总计	329.617	548			

4.7.4 不同收入群体的感知差异

单因素方差分析的结果如表 4.33 所示,本研究中不同收入程度的居民在心理增权、经济增权和公平感知上均存在差异($p<0.05$),而在政治增权、居民支持态度上均没有显著差异($p>0.05$)。

通过（LSD）及均值比较发现，在心理增权、政治增权感知上，3000 元以下群体（$M=3.713$）与 5000 元以上群体（$M=3.932$）存在差异（$p<0.05$）；在经济增权感知方面，3000 元以下群体（$M=3.048$）、3000～5000 元群体（$M=3.373$）、5000 元以上群体（$M=3.596$）三者之间彼此均存在差异（$p<0.05$）；在公平感知上，5000 元以上群体（$M=3.429$）与 3000 元以下群体（$M=3.169$）、3000～5000 元群体（$M=3.287$）均存在差异（组间内分层比较数据未列入表中）。

表 4.33　不同收入群体的感知差异

感知差异		平方和	df	均方值	F	p
心理增权	群组之间	3.789	2	1.894	4.186	0.016
	在群组内	247.093	546	0.453		
	总计	250.882	548			
政治增权	群组之间	5.225	2	2.612	2.751	0.065
	在群组内	518.512	546	0.950		
	总计	523.737	548			
经济增权	群组之间	24.070	2	12.035	10.804	0.000
	在群组内	608.205	546	1.114		
	总计	632.275	548			
居民公平感知	群组之间	5.324	2	2.662	6.119	0.002
	在群组内	237.503	546	0.435		
	总计	242.827	548			
居民支持态度	群组之间	2.209	2	1.105	1.842	0.159
	在群组内	327.408	546	0.600		
	总计	329.617	548			

4.7.5　不同区域群体的感知差异

单因素方差分析的结果如表 4.34 所示，不同区域的居民在心理增权、政治增权（$p<0.05$）、经济增权、公平感知、居民支持态度方面均有显著差异（$p<0.01$）。

表 4.34　不同区域群体的感知差异

感知差异		平方和	df	均方值	F	p
心理增权	群组之间	20.587	2	10.294	24.405	0.000
	在群组内	230.294	546	0.422		
	总计	250.881	548			

续 表

感知差异		平方和	df	均方值	F	p
政治增权	群组之间	7.705	2	3.852	4.076	0.017
	在群组内	516.032	546	0.945		
	总计	523.737	548			
经济增权	群组之间	161.347	2	80.674	93.534	0.000
	在群组内	470.928	546	0.863		
	总计	632.275	548			
居民公平感知	群组之间	22.508	2	11.254	27.890	0.000
	在群组内	220.319	546	0.404		
	总计	242.827	548			
居民支持态度	群组之间	59.401	2	29.701	60.013	0.000
	在群组内	270.216	546	0.495		
	总计	329.617	548			

通过(LSD)及均值比较发现,在心理增权感知方面普陀山、朱家尖、桃花岛居民彼此之间均有显著差异,其中朱家尖居民的心理增权感知($M=4.052$)最强,普陀山($M=3.780$)次之,桃花岛($M=3.589$)最弱;在经济增权感知方面,桃花岛与普陀山、朱家尖的居民均有显著差异,其中普陀山($M=3.723$)居民的经济增权感最强,朱家尖($M=3.718$)次之,桃花岛($M=2.564$)最弱;在政治增权感知方面,朱家尖与桃花岛、普陀山的居民均有显著差异,其中朱家尖($M=2.775$)居民的政治增权感最强,桃花岛($M=2.536$)次之,普陀山($M=2.521$)最弱;在公平感知方面,桃花岛与普陀山、朱家尖的居民均有显著差异,朱家尖($M=3.489$)居民的公平感知最强,普陀山($M=3.469$)次之,桃花岛($M=3.293$)最弱;在居民支持态度方面,普陀山、朱家尖、桃花岛居民彼此之间均有显著差异,朱家尖($M=4.505$)居民的支持态度最积极,普陀山($M=4.170$)次之,桃花岛($M=3.713$)最不积极(组间内分层比较数据未列入表中)。

4.7.6 不同参与程度群体的感知差异

单因素方差分析的结果如表4.35所示,本研究中参与旅游的居民和没有参与的居民在心理增权、政治增权、经济增权、公平感知、居民支持态度方面均有显著差异($p<0.01$)。其中参与旅游的居民心理增权($M=3.911$)、政治增权($M=2.701$)、经济增权($M=3.617$)、公平感知($M=3.387$)、居民支持态度($M=4.285$)的均值均高于未参与旅游居民的心理增权($M=$

3.569)、政治增权($M=2.399$)、经济增权($M=2.622$)、公平感知($M=3.045$)、居民支持态度($M=3.768$)的均值。

表 4.35 不同参与程度群体的感知差异

感知差异		平方和	df	均方值	F	p
心理增权	群组之间	12.796	1	12.796	29.399	0.000
	在群组内	238.085	547	0.435		
	总计	250.881	548			
政治增权	群组之间	10.003	1	10.003	10.650	0.001
	在群组内	513.734	547	0.939		
	总计	523.737	548			
经济增权	群组之间	108.319	1	108.319	113.083	0.000
	在群组内	523.956	547	0.958		
	总计	632.275	548			
居民公平感知	群组之间	12.851	1	12.851	30.567	0.000
	在群组内	229.975	547	0.420		
	总计	242.826	548			
居民支持态度	群组之间	29.303	1	29.303	53.373	0.000
	在群组内	300.314	547	0.549		
	总计	329.617	548			
总计		224.059	548			

通过以上单因素方差(ANOVA)分析,居民的感知差异整体呈现三种类型的情况:(1)感知差异性完全不显著,基于性别的比较,男性与女性在心理增权、政治增权、公平感知、支持态度上均不显著,可见居民的感知状态不会因性别不同而呈现差异。(2)感知差异性部分显著,基于年龄、教育背景、收入情况的方差分析显示,居民政治增权感知不受年龄、教育背景、收入情况的影响;而不同年龄、教育背景、收入则在心理增权、经济增权感知上有显著差异,可见心理增权、经济增权、居民支持态度受年龄、教育背景、收入的影响。公平感知受到收入的影响,而居民支持态度不受收入高低因素的影响。(3)感知差异性全部显著。居民的经济增权、政治增权、心理增权、公平感知、居民支持态度受到所在区域及参与旅游情况的影响(见表 4.36)。

从区域角度而言,交通便利、旅游发展较好的朱家尖、普陀山的居民感知均值较高,居民支持态度比较积极;而相比而言,桃花岛由于旅游发展较慢、发展条件不完善等方面因素,居民的感知均值较低,居民支持态度一般。从旅游参与角度而言,旅游对于提升居民的增权感知、公平感知及居民支持态度具有重要作用,参与旅游的居民感知状态均优于未参与旅游居民的感知状态,参与旅游居民的支持态度的均值完全高于未参与旅游居民的均值,由此,居民参与旅游有利于提升居民支持旅游的积极性。

表 4.36 居民感知差异汇总

类别	心理增权	政治增权	经济增权	居民公平感知	居民支持态度
性别	—		—		
年龄	*	—	*	—	***
教育背景	**		**		***
收入	*		***	**	—
区域	***	*	***	***	***
参与程度	***	**	***	***	***

注:* 表示 $p < 0.05$;** 表示 $p < 0.01$;*** 表示 $p < 0.001$。

4.8 研究发现

本章以增权理论、公平理论、社会资本理论为基础,探讨了心理增权、经济增权、社会增权、政治增权与居民公平感知及居民支持态度之间的理论关系。从实证角度以舟山普陀山、朱家尖、桃花岛三个岛屿为例,依据 549 位社区居民的抽样调查数据,实证了 4 个维度的旅游增权(心理增权、社会增权、政治增权、经济增权)对居民公平感知及居民支持态度的影响。在此基础上以社会资本为调节效应,进一步检验了社会资本在居民旅游增权对公平感知及支持态度影响关系之间的调节效应。结合理论假设检验对模型进行修正和调整,最后确定"旅游增权—公平感知—支持态度"理论模型。根据不同的性别、所在区域、参与程度、公平及增权感知高低程度对模型进行分组比较,深度分析了影响路径差异;从性别、年龄、教育背景、收入情况、区域所在地、参与程度等角度深度分析了居民感知的差异。研究主要有以下几个方面的新发现。

4.8.1 旅游增权维度是相互关联、相互影响的系统

研究发现旅游经济增权、政治增权、社会增权与心理增权相互关联、相

互影响。心理增权与社会增权、政治增权、经济增权关联的标准化系数分别为 0.425($p<0.001$)、0.214($p<0.001$)、0.341($p<0.001$);社会增权与政治增权、经济增权关联的标准化系数分别为 0.338($p<0.001$)、0.346($p<0.001$);政治增权与经济增权关联的标准化系数为 0.280。

4.8.2　旅游增权 4 个维度对居民支持态度影响的显著性不同

通过研究发现,经济增权与心理增权对居民支持态度有显著影响,研究结论验证了 Boley 等(2014)、马东艳(2015)、李瑞等(2016)、刘静艳等(2016)的研究成果。但是社会增权、政治增权对居民支持态度的影响效果不显著,与 Boley 等(2014)、Strzelecka 等(2016)的研究结论相同;与刘静艳等(2016)的研究结论"政治增权对居民支持可持续发展的影响效果不显著"结论相同、"社会增权方面对居民支持可持续发展的影响显著"的结论不同。

4.8.3　旅游增权 4 个维度对居民公平感知影响的显著性不同

通过研究发现,经济增权对居民公平感知有显著正向影响,政治增权对居民公平感知有显著正向影响,研究结果与马东艳(2015)、刘静艳等(2016)的研究结论相同。而社会增权与心理增权对居民公平感知影响不显著,研究结论与刘静艳等(2016)的结论不同。

4.8.4　居民公平感知对居民支持态度有着显著影响,并在经济增权对居民支持态度影响关系之间具有不完全的中介效应

通过研究发现,公平感知包括分配公平、程序公平、互动公平 3 个维度,分配公平、程序公平、互动公平标准化因子负荷分别为 0.74、0.73、0.66,说明 3 个维度的因子对居民公平感知具有良好的解释力;居民公平感知对居民支持态度有着显著的正向影响,此结果与刘静艳等(2016)、胥兴安(2015)的结论相一致;公平感知在经济增权对居民支持态度影响关系之间起着部分中介作用,而在政治增权、社会增权、心理增权对居民支持态度影响关系之间没有中介作用。研究结果验证了刘静艳等(2016)提出的"结果公平和程序公平在经济增权对可持续发展支持的影响关系之间起部分中介作用"的结论。

4.8.5 社会资本具有一定调节作用

研究结果发现社会资本在经济增权、政治增权对居民公平感知的影响关系之间具有正向调节作用,研究结论与 Park 等(2015)、Ahma 与 Talib (2015)、Petric 等(2007)的研究结论具有一定的一致性。在心理增权、政治增权对居民支持态度的影响关系之间不存在调节作用,研究结论与 Park 等(2015)、Ahma 与 Talib (2015)、Petric 等(2007)的结论不一致。

4.8.6 基于不同性别、区域、参与程度、公平感知层次的模型影响路径存在差异

基于性别模型分组比较发现,影响路径的差异主要体现在经济增权、公平感知对居民支持态度的影响上;基于区域所在地的模型分组比较发现,影响路径的差异主要体现在心理增权、政治增权对居民公平感知的影响上;基于参与程度与公平感知层次高低模型分组比较发现,其影响路径差异均体现在政治增权、经济增权对居民公平感知的影响上。

4.8.7 不同区域及不同参与程度的居民对经济增权、政治增权、心理增权、公平感知、居民支持态度的感知差异性非常明显

研究发现不同区域的居民感知差异非常明显,其中朱家尖居民的旅游增权、公平感知、居民支持态度均值较高,普陀山次之,桃花岛最低,这与陈志永等(2011),郭文、黄震方(2011)提出的“旅游增权在同一旅游地不同区域社区空间与时间呈现分异”的观点一致,也与左冰(2016)提出的“目的地所处的生命周期阶段与公平也有相关关系”的观点一致。旅游参与与否对居民感知的影响非常明显,参与旅游的居民公平感知、增权感知及支持态度的均值较高,未参与旅游的居民各项感知的均值均相对较低,参与旅游是影响居民感知的重要因素。然而,居民旅游增权、公平感知、居民支持态度不受性别因素的影响,这与 Maruyama 等(2016)、Duim(2006)的研究结论不同。

第 5 章 结论与建议

5.1 讨 论

根据结构方程模型验证结果,在运用扎根理论对访谈数据进行分析的基础上,结合前文的文献综述,运用归纳、总结、演绎等思维方法,对研究的发现与结果展开深入讨论,并对影响路径的差异性进行深度分析。

5.1.1 旅游增权的框架与维度

Scheyvens(1999)开创性地提出了旅游增权的 4 个维度框架,为国内外学者研究奠定了理论根基与范本。Boley 等(2014)开发了旅游增权量表,并进一步验证了量表的科学性、稳定性。刘静艳等(2016)以新疆喀纳斯(西部地区)为例,王会战等(2015)以龙门石窟、兵马俑(中部地区)等文化遗产地为例,实证了旅游增权在中国中西部本土化的适应性。本研究以东部海岛目的地旅游社区为实证对象,在结构方程模型的检验中,发现社会增权对居民公平感知及居民支持态度的影响均不显著,可以说明在本研究中社会增权在旅游增权体系中的作用不明显,也就是说旅游增权 4 个维度框架在东部旅游社区中的适应性有待进一步的检验与论证。

旅游增权是一个系统工程,在纵向上具有层次性,在横向上具有交叉并存性,与马斯洛需求层次理论具有异曲同工之妙。马斯洛需求层次理论认为人类需求像阶梯一样从低到高按层次分为五种,分别是:生理需求、安全需求、社交需求、尊重需求和自我实现需求(Wahba et al.,1976)。本研究认为旅游增权也呈现了从低到高的阶梯层次,分别是:经济增权、社会增权、心理增权、政治增权。经济增权位于基础层,社会增权与心理增权位于中间层次,政治增权是中国居民参与旅游的最高阶梯层(张彦,2014),政治增权对其他增权的实现具有战略性决定作用。从当前海岛社区居民增权感知均值来看,心理增权($M = 3.817$)、社会增权($M = 3.477$)、政治增权($M = 2.619$)、经济增权($M = 3.343$)呈现了不同的层次与状态,特别是政治增权严重缺失。虽然海岛社区居民心理增权均值明显高于经济增权均值,但居民对旅游影响经济生活的感知最为明显,舟山海岛社区旅游增权仍然处在一个以经济增权为主,向着社会增权和心理增权中级阶段跨越的过程。当然,4 个维度的增权也是同时存在的,彼此之间具有交叉性,即经济增权的实现必然对政治增权有一定要求,政治增权的实现必然会与社会增权、心理增权有关联并同时存在。

5.1.2　旅游增权对居民支持态度及公平感知的影响

1.经济增权对居民公平感知及居民支持态度影响显著的原因

旅游是海岛目的地社区经济社会变迁的根本动力与直接原因,旅游改变了原住居民的生活方式与生产方式,使每天出海打鱼的"渔民"变成了每天接待游客的"东道主"。海岛旅游发展提高了生活水平,改善了生活环境,优化了对外交通条件,提供了工作与就业机会,这些物质与经济条件的改变是直观与显性的,物质利益的交换与改变直接促使了居民对旅游发展的积极支持态度。

再者,旅游发展至少缩减了部分社区渔民的贫富差距,推动了海岛社区的社会公平,在一定程度上促进了居民的分配公平。但是也不可否认旅游发展在一定程度上提高了海岛居民的生活成本,尤其是以海鲜为主的日常生活消费品的价格上涨非常明显。

2.心理增权对居民支持态度影响显著及对公平感知影响不显著的原因

海岛居民的心理增权均值最高,这说明旅游发展对居民的心理变化产生了重要影响。海岛社区居民心理增权的改善体现在以下几个方面:基于自然资源吸引力的自豪感、生活节奏缓慢的舒适感、生活依赖的地方感与归属感,基于旅游发展中存在严重不足的气愤感等。当前海岛社区居民对旅游发展的心理感受总体而言利大于弊,即发展优于落后,富裕优于贫穷,安乐优于操劳,居民的心理需求得到满足,因而支持旅游发展。

严格意义而言,心理增权是一种积极的心理状态,更多地偏向于精神层面的满足感与获得感,而公平感知也是一种心理状态,更多地偏向于一种物质分配、利益分配、权力分配等方面的满足感与获得感。在一定情况下,物质需求影响精神满足,而不是精神满足影响物质需求,即使居民的心理要求得到满足,但是公平感知($M=3.293$)状态较低,心理增权也很难对公平感知产生显著影响。

3. 政治增权对居民感知影响显著及对支持态度影响不显著的原因

政治增权($M=2.619$)的严重缺失,在一定程度上限制了居民支持旅游的积极性。海岛社区居民政治增权的缺失主要体现在:决策参与权利的缺失,旅游发言权不足,旅游知情权太少,社区旅游管理缺乏必要的民主决策机制,海岛居民被排除在核心决策圈之外。旅游政治增权的实质是将居民纳入社区旅游发展的核心决策圈层之内,提高决策的主体地位,让其拥有更多主导社区旅游发展的权利与机会。

公平感知包括分配公平、程序公平与互动公平。其实,公平的核心内涵在于权利与利益的公平,因此政治增权是公平感知的核心要义和本质内涵,居民政治权利增加与改善,必然会促进社区公平结果的改善。

4. 社会增权对居民支持态度及公平感知的影响不显著的原因

首先海岛社会结构及经济结构的变化导致了社区居民关系的变化。由于海岛经济条件、教育条件方面的限制,海岛原住居民外迁与流失非常严重,原住居民外迁打破了海岛原有的社会联系结构,群聚生活被都市生活所替代;其次是随着海岛旅游经济发展,海岛社区居民实现了由"渔民"到"旅游从业者"的身份转型,原有的为了对抗自然风险的凝聚力与团结合作的"渔民"精神逐渐地被"唯利是图"的"商业"理想所替代,人与人之间的社会关系、社会信任度降低;再者是海岛社区旅游"绅士化"(赵玉宗等,2006)进程明显,外来投资者增多,原有的相对均衡的稳定的社会结构被打破,外来投资者缺乏对海岛社区的责任感与归属感,以挣钱逐利为目的,拉客、抢客、宰客现象破坏了社会风气。

5.1.3 居民公平感知对居民支持态度的影响及中介作用

公平感知与居民支持态度一般会呈现四种关系:(1)公平感知度越高,居民支持态度就越高;(2)公平感知度越低,居民支持态度就越低;(3)公平感知度高,而居民支持态度低;(4)公平感知度低,而居民支持态度高。本研究实证显示居民公平感知对居民支持态度呈现正向的显著影响,说明居民公平的感知度越高,居民的支持度越高。

舟山海岛社区居民的现实状况是感知明显不公($M=3.293$),这种不公平在访谈调查中也得到了体现和验证,主要表现为:(1)分配不公平。"这个沙滩对我们老百姓来说就是不公平的。沙滩 100%股份,我们整个村庄就分了 5%股份。剩下的 95%被政府拿去了"(THD 李先生)。"当地居民没有分红,每一户人家,一年发 16 张门票,对当地社区的补贴是没有的"(PTS 邬先生)。(2)程序不公平。"你一户人家提意见他不会理你的,要集体提才行"(ZJJ 王先生);"就我们老百姓呢,提几个意见是可以提的,好的意见呢他们也会采纳的"(ZJJ 唐先生)。(3)互动不公平。"提意见哪里提啊?你提出来的意见谁会来帮你解决啊"(ZJJ 邱女士);"有时候你去投诉,给你受理还是不受理都不知道"(ZJJ 毛先生);"我们在这里从来没有看到过旅游局的领导"(THD 李先生)。(4)信息不公平。"现在就三张票一个人。一年收多少钱,也没有公示"(THD 李先生);"比我稍微再大一点年纪的人,他们对网络基本上是不懂的。他们根本就是无法操作的"(THD 王女士)。(5)性别不公平。"男的不管到哪里去都可以买,女的在当地工作也不能买,男女不一样"(PTS 刘女士);"我生了两个女儿,嫁出去了就不能买房子"(PTS 张女士)。(6)住房不公平。"人家买过的这个房子有 4 元/平方米,也有 3 元/平方米,不公平啊,真的是不公平"(PTS 严女士)。

虽然居民感知到诸多的不公平,但是当地居民支持态度依然积极($M=4.143$)。这与海岛居民的生活环境有关,海岛社区在渔业经济向旅游经济转型的过程中,旅游已经成为当地经济发展的核心支柱,如果不支持旅游发展,导致经济发展缓慢,社会生活落后,其感知的不公平更为严重,这是海岛社区居民在不公平的发展环境中做出的妥协。

对公平的追求本身就是社会生活的行动指南和道德方向(Montada,2003)。社区居民参与旅游在本质上是一种资源交换,当资源交换在不平衡的关系中平衡或对东道主来说感知到被公平对待,感知其权利被客观尊重,在互惠互利的条件下,为了回报公平对待,社区居民会对支持旅游发展呈现更高的积极性(Ap,1992)。相反,如果存在旅游不公平,社区居民就会产生明显的社会排斥感,便会引起组织报复行为(刘好强,2014)。因此,只有实现了公平,才能最大限度地消除社区发展中的社会问题。

公平感知在经济增权对居民支持态度之间具有中介作用,这说明经济增权不仅直接影响居民支持态度,而且间接地通过公平感知影响居民支持态度。从分配公平、程序公平、互动公平的标准化负荷来看,分配公平对居民公平感知的解释力最大,证明分配公平对居民公平感知的影响力最大。这表明在我国社会主义初级阶段,实现社会公平正义,特别是收入分配上的公平正义,是广大人民群众强烈追求的首要价值和迫切愿望(蔡丽华,2012),特别是对于社会地位不高、收入不稳定的海岛居民而言,尤其看重眼前利益和现实利益分配的公平。

5.1.4　社会资本的调节效应

社会资本在经济增权对居民公平影响关系之间的调节作用说明社会资本对居民的经济增权和居民支持态度具有促进作用。社区社会资本包括规范、信任、网络,社会资本会影响社区发展,影响居民的态度和行为(Ansari等,2012)。社会资本通过强大的社会网络(正式与虚拟的),提高社区居民资源获取与信息分享的能力,他们之间的合作有利于信息互通、资源共享、客源互动,能够形成强大的自动化协同网络,这种协同网络能为居民带来客源与经济收入;其次社会规范有利于海岛社区内部建立一种强有力的约束机制,这种约束机制可以规范居民的经营行为,强化外来投资商对社区的责任意识,从而维护良好的旅游市场秩序,形成和谐的社会环境与氛围,这样有利于社区内商业规范、平等竞争,使旅游市场处于平稳状态,间接增加居民收益;再次社区居民之间的信任可以减少在旅游合作中的摩擦成本,提高旅游发展效率,有利于快速达成社区发展共识。当然社会资本具有双面性,当社会资本强大时可以促进经济增权,其弱小时将成为社区旅游增权的限制性因素。

社会资本在政治增权对居民公平影响关系之间的调节作用说明社会资本对海岛社区居民政治增权的重要性。社会资本有正式的和非正式的形式,正式的社会资本主要包括各种宏观、微观的社会政策、法律、法规等;非正式的社会资本是以血缘、亲缘、业缘为纽带形成的各种民间组织、民间协会等非正式组织。正式的社会资本在法理上为社区居民参与旅游、获得权利、争取公平提供了必要依据与支撑,居民的参与权、投票权、表决权、选举权等权利保障是正式社会资本的必然结果;而海岛社区中非正式的社会资本是旅游发展的润滑剂,非正式的社会资本在情理上为社区居民的各种旅游权利保障提供了民众基础,各种渔家乐协会、民宿协会、经济合作社等民间组织为居民解决社区冲突提供了额外高效的路径,提高了社区居民参与社区事务决策的能力。因此,高的正式与非正式的社会资本有助于推动海岛旅游的快速发展,而低的社会资本在一定程度上限制了居民参与旅游的权利与能力。

海岛旅游社区(东沙社区)发展的实践证明,旅游发展与社区社会资本是相互影响,相互促进的。旅游发展促进了社会资本存量增加,社会资本存量增加又反过来推动社区旅游的发展,两者相辅相成,相互作用。

5.1.5 居民感知及模型影响路径差异

1.性别群体的感知及影响路径差异原因分析

从调研数据来看,女性参与旅游的人数多于男性,男女从事旅游没有性别偏见,女性已经成为海岛旅游发展的主力军,他们在旅游增权、公平感知及居民支持态度等方面没有差异。但从模型影响路径差异来看,女性更加看重经济增权效果,即经济上越增权,女性的支持度越高;而男性更加看重公平感知效果,即旅游发展越公平,男性的支持度越高。由此可见,要提高女性对旅游的支持度,须让女性居民感受到经济条件的改善,经济收入的增加,即物质性增权的提高。而要提高男性对旅游的支持度,需要让男性感受到分配公平、程序公平与互动公平的广泛存在,即合理性、公平性的社会存在。

2.不同区域群体的感知及模型影响路径差异原因分析

普陀山、朱家尖、桃花岛居民感知的差异非常显著,这有交通条件、旅游开发、管理模式、分配机制、参与程度、政府干预等多方面原因。从交通条件来看,舟山大桥及朱家尖大桥开通之后,朱家尖以及普陀山的对外交通得到改善,游客的可进入性增强,而桃花岛仍然以轮渡为主,对外交通限制了桃花岛游客、资本的空间流动。从发展生命周期而言,普陀山处于稳定期,朱家尖处于发展期,桃花岛虽然发展多年,但仍然处于起步期。三岛居民受旅游发展的影响程度不同,旅游对普陀山的影响根深蒂固,对朱家尖的影响全域存在,对桃花岛的影响以点带面。从社区管理模式而言,旅游开发之后,普陀山土地利用空间受限,户口管制严格,建立了社区治理的信用积分管理细则,对居民的日常行为进行严格的限制,而朱家尖与桃花岛土地利用空间较大,户口管制较松,相对而言普陀山居民的权力与自由空间更小。从旅游分配机制而言,普陀山及桃花岛的分配机制不完善,居民获得的旅游分红相对较少,对旅游收益分配不公极其不满。而朱家尖东沙与南沙社区建立了相对完善的旅游利益分配机制,居民对社区旅游收益的分配相对满意。从居民的旅游参与度而言,普陀山居民旅游参与度较高,达到89.4%,朱家尖为82.5%,而桃花岛较低,为45.2%。从政府干预程度而言,普陀山镇和桃花岛镇政府对社区居民旅游增权、分配公平等方面的干预最为明显,政府在把免费的共享摊位、沙滩资源变成了收费的公有资产之后,居民的反对意见非常强烈,而朱家尖街道政府在处理此方面问题时相对温和。诸如此类因素是导致三岛居民感知差异的原因所在。

不同区域模型影响路径差异原因分析。普陀山与朱家尖的居民在心理增权对居民公平感知的影响路径上均存在差异的原因,在于分配不公平、程序不公平和信息不公平的感知,在一定程度上反向影响了居民的心理增权感知,使居民的自信心与自豪感降低。桃花岛由于旅游发展缓慢,居民参与度较低,居民心理增权感知度较低。由于普陀山镇的过分干预,居民在参与旅游的过程中政治权利显然得不到保证,与朱家尖、桃花岛相比存在一定差距,其政治增权对居民公平的感知影响显著性不及朱家尖、桃花岛,因此,减少政府的过多干预,打造服务性政府,对于提高居民参与的积极性尤为重要。

3. 不同参与程度群体的感知及影响路径差异原因分析

是否参与旅游与居民收入情况的交叉分析显示,5000 元以上收入群体中,参与旅游的群体占了 83.9%,未参与旅游的群体为 16.1%,分别占总群体人数的 23.8% 与 4.5%,由此可见参与旅游活动明显提高了参与者的收入水平,是否参与旅游对收入的影响非常明显。模型影响路径之所以呈现差异,其根本原因是参与旅游的居民其旅游权利得到实现,旅游公平得到关注,而未参与旅游的居民其经济权利与政治权利未得到实现,或者说旅游经济增权与政治增权因未参与旅游而被剥离得非常严重。

4. 不同年龄群体的感知差异原因分析

基于年龄原因,65 岁以上的经营者其经济增权感知度最低,公平感知与心理增权感知度最高。大多数年长者参与旅游是为了减轻子女负担,降低旅游发展导致增加的生活成本。从严格意义上而言,65 岁以上经营者的经济增权剥夺感最为强烈,是被旅游绑架了的参与者,这与海岛经济结构转型、社会结构变迁有直接关系。因为部分年轻人没有把旅游作为事业,更多的是把房屋出租之后外出务工,岛上剩余的多为年龄较大者、低保群体,他们在经营旅游的过程中,由于缺乏必要的资源和技能,往往在参与方面显得力不从心。因此,促进海岛社区旅游发展,要防止海岛社区老龄化、空巢化,要激发中、青年群体参与旅游的动力与潜能。

5.不同教育背景群体的感知差异原因分析

数据分析显示,居民感知状况与教育程度成反比,即研究生以上学历其旅游增权、公平感知、居民支持态度的均值较低,而初中、中专及小学学历群体感知度更高。这主要是因为教育程度较高者知识丰富、思想开放、眼界开阔,更具有增权意识与公平意识,他们追求法治化、公平化的社区治理体制与机制,对现实的不公平与不满感较强;而教育程度较低者基于知识与能力的限制,呈现了一种未知的、无奈的、安于现状的“满足感”与“获得感”。

6.基于不同收入群体的感知差异原因分析

数据分析显示,居民感知状况与收入情况成正比,即月收入5000元以上的群体,其增权感知、公平感知、居民支持态度均值较高,而低收入者却呈现相反的情况。这主要是高收入者其获得资源、信息的能力较强,其较容易改变自身的生活状态,低收入者则反之。

5.2　研究结论

5.2.1　旅游增权是一个四维框架,具有一定的适应性

旅游增权包括经济增权、政治增权、社会增权与心理增权4个维度,它们相互关联、相互影响,在中国东部海岛社区的运用中具有一定的适应性,而社会增权的作用需要在相关社区中进一步验证与论证。

5.2.2　旅游增权在纵向上具有阶梯性,在横向上具有交叉性

旅游增权是一个系统工程,与马斯洛需求层次理论具有异曲同工之妙,在纵向上具有层次性,在横向上具有交叉并存性。经济增权是基础层次,社

会增权与心理增权位于中间层次,政治增权是中国居民参与旅游的最高阶梯层。东部海岛社区居民经济增权与心理增权感知最为明显,政治增权与社会增权严重缺失,舟山海岛社区旅游增权仍然处在一个以经济增权为主,向着社会增权和心理增权中级阶段跨越的过程。

5.2.3　旅游增权对居民支持态度影响的显著性差异原因多样而复杂

旅游是海岛社区经济社会变迁的根本动力与直接原因,而经济结构转型与社会结构变迁是影响显著性差异的根本原因。旅游改变了原有居民的生活方式与生产方式,物质利益的交换直接促使了居民对旅游发展的支持态度;发展优于落后,富裕优于贫穷,安乐优于操劳的居民心理需求得到满足是居民支持旅游发展的心理因素;海岛居民被排除在核心决策圈之外,决策主体地位缺失,导致了政治增权的影响不显著;海岛社区旅游"绅士化"进程打破了原有稳定的社会网络结构,居民的社会增权感严重缺失。

5.2.4　政治增权是公平感知的核心要义和本质内涵

公平感知是一种心理状态,更多地偏向于一种物质分配、利益分配、权力分配等方面的满足感与获得感,在居民心理要求得不到满足,公平感知状态较低时,心理增权也很难对公平感知产生显著影响;公平的核心内涵在于权利与利益的公平,居民政治权利增加与改善,必然会促进社区公平结果的改善。

5.2.5　公平感知本质上是一种利益与资源交换

在互惠互利的条件下,居民感知其权利被客观尊重,为了回报公平对待,社区居民会对支持旅游发展呈现更高的积极性。因而居民公平感知对居民支持态度呈现正向的显著影响,居民公平的感知度越高,支持度越高,公平感知在经济增权对居民支持态度之间具有中介作用,这说明收入分配上的公平正义,是广大人民群众强烈追求的首要价值和迫切愿望,对于社会地位不高、收入不稳定的海岛居民而言,尤其看重眼前利益和现实利益分配的公平。

5.2.6 社会资本具有积极的正向调节作用

社会资本与旅游相互影响,海岛社区旅游发展促进了海岛社区社会资本存量变化(减少或者增加);高的正式与非正式社会资本有助于推动海岛旅游的快速发展,而低的社会资本在一定程度上限制了居民参与旅游的权利与能力。

5.2.7 参与旅游是居民实现增权、争取公平的有效渠道

居民感知状况与教育程度成反比;居民感知状况与收入情况成正比;男女从事旅游已无性别偏见,女性已经成为海岛旅游发展的主力军,女性更加看重经济增权效果,而男性更加看重公平感知效果;参与旅游是旅游权利得到实现,旅游公平得到关注,防止经济与政治增权被剥夺的有效路径;不同区域居民感知的差异是由交通条件、旅游开发、管理模式、分配机制、参与程度等多方面原因造成的,这些均由旅游发展程度决定;促进海岛社区旅游发展,要防止海岛社区老龄化、空巢化,要激发中、青年群体参与旅游的动力与潜能。

5.3 研究启示

5.3.1 理论启示

无论是从理论还是从实践而言,居民支持态度与居民满意度是旅游发展的主要目标,而不是终极目标。因为居民支持不代表居民满意,居民满意不代表居民拥有了权利、得到了公平、获得了信任。本研究仅仅是以旅游增权为前因变量、公平感知为中介变量、社会资本为调节变量、居民支持态度为结果变量,检验了四者之间的关系,此模型仅是旅游居民支持态度模型的一种类型,居民旅游支持态度受多种因素的影响,可以从多维度、多层面、多视角、多方法来搭建理论、构建模型、检验模型,支撑旅游实践发展。

旅游增权、公平感知、社会资本是海岛社区旅游发展中重要的“金三角”,三者之间是相互联系、相互作用、相互影响的。旅游增权是过程也是目

的,旅游增权不仅仅可以作为前因变量,也可以作为中介变量、结果变量或者调解变量来影响社会资本与公平感知。再者旅游增权 4 个维度内部之间也是相互影响、相互促进的。从实践意义上我们都理解和明白旅游增权的价值与意义,那么从理论意义上研究四者之间是递进影响还是相互影响,这需要理论支撑与验证。

公平是社会永恒的主题。旅游社区居民公平感知仅是海岛社区问题中的一个基本面。公平既是一种社会状态,也是一种心理感受。从理论角度而言,公平不仅可以作为中介变量,也可作为前因变量、调节变量来影响社会资本及居民支持态度。本研究仅从分配、程序、互动公平的角度测量了公平感知,信息公平并未纳入本研究范畴,从社区信息化发展趋势而言,信息公平将对社区居民从事旅游产生重要影响,把信息公平纳入社区公平感知的视野将是一个重要议题。公平感知是多维度的,在组织公平的研究中部分学者验证了程序公平、互动公平、信息公平与分配公平之间的影响关系。而在社区居民公平感知的研究中,多聚焦于公平作为前因变量与结果变量,而缺乏公平内部之间关系的深度剖析。在公平感知的测量方面,旅游社区居民公平感知借鉴了组织公平的测量工具并引入旅游研究中来。基于旅游社区的社会学属性,其与组织公平研究存在一定差异与不适应性,组织公平中的公平概念只能作为参考与依据,在进行量化的研究中必须做出必要的调整。因而,基于社会学、旅游学视角的社区居民公平感知的测量工具开发需要进一步优化与强化。

社会资本是一个有争议的概念,当前关于社会资本的概念、内涵、测量方法并未形成统一的权威说法。本研究把社会资本作为调节变量,从调节效应的角度对其进行了解读,在一定程度上弱化了社会资本在社区旅游发展中的价值与作用,因为社会资本的功能可以放到更宏大的社会研究视野中进行审视与考察。在当前社会信任危机增多,社会规范机制缺失、社会网络解体的情境下,深度研究社会资本与社区旅游发展、乡村振兴、社区居民参与、社区治理等之间的关系,更有社会意义与价值。这里包括从旅游的角度构建中国情境下社会资本的测量模型、测量工具、测量方法,还包括社会资本作为前因变量对社区居民公平感知、社区增权的影响机制、效应与模型,更包括基于社会资本的旅游社区治理与目的地社会治理等更宏大方面的内容。

另外,本研究在进行调查时采取的是基于特定时间内的横断面研究,这种研究只能对某个时间节点的居民特定感知状态进行考察,而不能纵向地基于跨时间维度进行跟踪对比研究,而这种纵断面的研究将为社区居民增权感知、公平感知与社会资本研究提供更有价值的信息。

5.3.2　实践启示

从实践意义来讲,增权与公平是中国社会发展过程中最复杂、最敏感的问题,旅游增权与社区居民公平感知更是社会问题的一个基本面,通过指标进行测量等定量研究仅是从一个微小的理论视角来窥探宏大的社会问题。

1. 海岛社区旅游增权、公平感知与社会经济发展水平是相适应的

"人们在自己生活的社会生产中发生一定的、必然的、不以他们的意志为转移的关系,即同他们的物质生产力的一定发展阶段相适合的生产关系。这些生产关系的总和构成社会的经济结构,即有法律的和政治的上层建筑竖立其上并有一定的社会意识形式与之相适应的现实基础。"(马克思,1971)海岛社区旅游增权、公平状况与当前舟山海岛社区的经济社会发展水平相适应,而不会存在一种超前的旅游增权框架与公平框架。

2. 海岛社区旅游增权是一个漫长渐进的过程

从旅游增权实现路径来看,能否实现增权主要取决于以下 3 个方面:海岛居民自我是否愿意增权,海岛居民自我是否有能力增权,以及他者是否愿意给予增权机会,"三位一体"方可实现全面增权。从海岛社区旅游发展的现状来看,海岛社区居民旅游增权的全面实现,特别是政治增权的实现仍然是一个漫长的过程。

3. 海岛社区旅游公平建构是"一揽子"框架内容

公平包括分配公平、程序公平、互动公平以及信息公平,涉及了权利与利益的再分配,更涉及社会制度、经济水平、文化素质、思想觉悟等社会宏观与微观因素。在"触动利益比触动灵魂还难"的中国背景下,旅游公平是一个复杂的社会问题,解决社区旅游公平是"一揽子"框架内容,而不是一挥而就的。

4. 社会资本重构尤为重要且迫在眉睫

海岛社区的"绅士化"、老龄化与空巢化,撕裂了海岛原有的社会结构,加剧了社区社会资本大厦的崩塌,社区信任危机日益明显,社会网络结构逐渐解体,社会规范机制尚未建立,社会资本重构尤为重要且迫在眉睫。

5.4　相关建议

5.4.1　推动社区居民旅游增权的建议

加强居民教育培训,提高自我增权能力。开展旅游从业人员的市场营销、服务技能、管理知识等系列的专业培训,提高社区居民自身的文化素质、服务意识;鼓励年轻人回岛创业,制定必要的政策措施,增强社区自我创新、创业、管理与参与能力;通过多元化、多层次、多方位的教育、培训,激发社区居民的海岛"文化自觉"与"文化自信",增强居民地方依赖与自豪感。

增加社区设施投资,提高公共服务能力。推动海岛旅游产品的转型升级,建设具有吸引力的海岛休闲度假、养生产品,增加旅游停车场、游客服务中心、集散中心等基础设施投资,提高社区旅游公共服务能力;加强沙滩治理,逐步免费开放社区沙滩,还沙滩于民,通过免费沙滩吸引游客、延长游客停留时间;完善社区内部生活设施,加强植被绿化、厕所改造、路灯安装、步道提升、休闲设施完善等工程建设,让居民切身受益旅游发展成果。

搭建利益要求平台,增加政治增权机会。组建社区居民广泛参与的社区旅游发展委员会,搭建居民利益要求平台,吸纳社区精英、意见领袖、普通居民、部门负责人、企业代表、社区代表等群体进入旅游决策核心圈,让居民拥有更多的发展权、话语权、表决权与决策权;要五湖四海广开言路,防止暗箱操作,防止与民争利。

优化社区治理模式,构建长效社区治理机制。加强和创新社区综合治理,形成"社区主导、政府规范、部门监督、公民自律、社会联动"的五位一体的治理新模式,构建长效化社区治理机制;整合社区力量,积极化解社会内部矛盾,凝聚社区人心,提高居民的社区归属感与责任感。

5.4.2　促进社区旅游公平的建议

建立合理补偿机制,减少居民抱怨情绪。对拆迁或者征用土地的居民给予基于市场价格的合理补偿,建立合理的土地征收、房屋拆迁等赔偿机制;对社区低保户、孤寡老人等群体,给予必要生活补贴;结合"五水共治"建立社区旅游环境污染、海岛环境污染等综合性补偿机制,弥补海岛社区为旅游发展所承受的环境代价。

完善利益分配机制,让居民共享发展成果。建立社区居民认可的门票利润分成机制,每年定期给予居民固定比例分成,与民共享门票收益;建立股份合作制,鼓励社区居民以土地、资金、技术、房屋等资源入股,构建现代化社区股份合作企业,让居民共享海岛旅游发展成果。

优化旅游监管机制,让居民公平参与竞争。强化社区旅游市场监管,依法打击拉客、宰客行为,净化旅游市场环境;建立面向市场的公平参与竞争机制,减少政府强制性、行政性的不公平的旅游管制措施,让社区居民公平、平等、合法地参与旅游经营;杜绝海岛旅游市场监管过程中的权力寻租、暗箱操作与粗暴执法现象。

建立信息交流机制,提高决策的透明度。建立透明公开的政策决策机制,让社区居民广泛地参与旅游规划、政策制定,提高决策的透明度;定期真实发布旅游收入、门票收入、利益分红等信息,让社区居民全面真实地了解社区旅游利益分配情况;畅通社区居民意见信息传递渠道,建立有效的信息沟通与发布机制,解决信息阻塞、信息不畅等问题,给居民广开言路的机会与权利。

5.4.3 重构社区社会资本的建议

重视海岛社区"绅士化"现象。地方政府要从海岛可持续发展的角度全面重视海岛社区的"绅士化"进程,要规范外来投资者的投资行为,防止杀鸡取卵式的破坏性竞争行为与开发行为;加强海岛社区的教育投资,减少原住人口的流失;鼓励原住居民回岛创业,减缓老龄化与空巢化进程;加强旅游地产投资开发管控,防止炒房等投机行为,严控房地产价格上涨,以防对居民生活空间造成挤压。

重构海岛社区的社会网络。积极举办海岛传统的社会文化、节庆等活动,以传统文化活动为纽带,构建居民交流、合作与互动平台;对外来投资商的进驻采取必要限制措施,将其纳入社区规范管理当中,防止对原有的社区网络造成冲击;重视微信、QQ等虚拟网络组织的价值与作用,积极构建新型的社区社会网络关系。

完善海岛社区的社会规范。制定严格的市场监管政策与措施,严厉打击拉客、宰客行为;完善社区的村规民约,强化社区居民的自律、自治行为;针对外来民宿客栈的投资客,制定必要的限制措施,让其严格遵守当地的村规民约、社会管理规章制度等,防止其短期投资的逐利行为,增强其地方感与社区责任感。

积极建设海岛非正式组织。积极发挥社区旅游精英、意见领袖等群体的带头与示范作用,引导社区组建非官方的社区旅游协会、民宿协会、导游协会,发挥社区民间协会自组织功能;开展非正式组织之间的交流与合作,拓展社会网络资源,强化信息共享,提高社区自我治理意识,形成自我规范、自我约束、自我治理、自我发展的良性互动模式。

5.5　研究局限

本书虽然力争细致地完成所有研究工作,但还是不可避免地会存在一些研究局限。

5.5.1　模型本身的局限性

通过本研究发现旅游增权、公平感知及居民支持态度的理论关系模型具有一定的适应性,但是也有一定的变化性与调整性。这与研究地对象选取有关(研究对象涉及研究目的地对象以及研究对象主体的文化素质、态度、配合状态与心理状态),与研究者使用的测量量表与测量工具也有直接关系。同样的理论模型,不同的测量量表与测量工具、不同的研究地与研究对象选取,其研究结果将会呈现不同的状态。

5.5.2　数据获取的局限性

舟山岛屿众多,素有千岛之城之称。从样本数据的采集来讲,应该对舟山所有发展旅游的岛屿进行抽样,但是由于人力、物力和财力有限,只能选择普陀山、朱家尖、桃花岛三个岛屿,从研究区域的广泛性、普遍性而言,受到一定影响和限制。从抽样的方法而言,由于普陀山镇有 1 万多名居民,其中岛上有近 5000 名居民,朱家尖岛有 2.6 万名居民,桃花岛有 1.15 万名居民,人口规模较大,无法进行随机抽样,只能采取非随机抽样,数据的全面性和代表性可能会受到限制与影响。

笔者认为,舟山海岛目的地社区居民原本都是海岛渔民,后来由于旅游开发,实现渔民向旅游社区居民的转型,但由于海岛居民原本文化素质及教育条件的限制,因此对问卷的数据收集有着一定的影响,对研究结果也产生影响。

5.5.3　研究方法的局限性

研究数据的整理是研究理论大厦的根基,研究方法与研究工具只是构建理论大厦的技术性工具。数据与研究科学方法的结合是实现理论创新与理论发展的必要条件。通过本研究发现,定量研究与定性研究均存在一定的局限性。首先,定性研究容易受到研究者主观状态、情感偏好、知识贮备、个人能力等方面的影响,所收集的数据会受到主观因素的限制,特别是基于扎根理论的质性研究对研究者的归纳、总结、提炼、演绎、推理等能力提出更高的要求,没有日积月累的长期规范化训练,基于扎根理论的高质量的质性研究将很难呈现。其次,定量研究是一种规范性、程序化的研究,按照一定的方法进行程序化设计与流程化检验,但是定量研究特别是基于量表开发的定量研究,其科学性不仅受到量表测量工具本身的影响,更容易受到样本数据收集的影响,也受到后期研究者研究工具的影响。从测量工具的严谨性、科学性与规范性的要求来看,不是所有研究者都具备开发量表的能力,不是所有研究者开发出来的量表都能够作为测量工具,而为了实现所谓创新而进行量表开发的研究,只能作为一种研究能力与研究范式的考察而言。因此,基于量表的定量研究,经典的、经过学界广泛验证与证明的量表是具有一定的科学性与参照性的。再者,样本数据收集是一个动态的长期过程,样本数据收集与被调查者的心理状态、生活状态、文化水平以及对样卷填写的态度有直接关系。从目前来看,研究对象文化素质较高者其在被调查过程中配合度较好、理解度也较好。故而,定量与定性的方法与研究工具各有利弊,只有两者紧密融合,取长补短,才能达到预期的理论高度与目标。从长远看,以社会学、人类学、心理学、经济学理论为基础,借助于大数据采撷、计量经济学、结构方程模型、NVivo、Stata、社会网络结构分析等软件工具进行研究方法的混合应用,通过宏观与微观社区旅游数据的综合运用,将为社区旅游增权、公平感知、社会资本打开新的研究天地。

5.5.4　研究内容的局限性

由于旅游增权、公平感知、社会资本等概念尚未统一,其指标的测量和评价具有不同方案。本研究通过访谈调研和数据收集整理,只能选取其中具有代表性和广泛认同的指标,因此在变量的选取、指标的选择及测量方面可能不够全面,会存在争议;由于社区居民公平感知缺乏成熟的量表,本研究的公平感知测量借鉴了组织公平中的测量量表,在量表的适应性方面需要进一步验证与修正,在今后的实证研究中还将继续探索充实。

5.5.5　社会资本调节变量验证的局限性

在对结构模型的调节效应分析与验证中,基于研究假设过多,工作量较大,研究主题分散等方面的原因考虑,同时基于作者研究能力等方面的限制,本研究只验证社会资本在旅游增权对居民公平感知影响之间的调节效应与社会资本在旅游增权对居民支持态度影响之间的调节效应。居民公平感知测量为测量项多次加总之后的均值,考虑到信息的流失,而未验证社会资本在公平感知对居民旅游支持态度影响之间的调节效应,在今后的研究中将进一步深入探讨。

参考文献

中文文献

[1] 柏拉图. 理想国(节选本)[M]. 张竹明,郭斌和,译. 北京:商务印书馆,2002.

[2] 贝克尔. 人力资本理论[M]. 郭虹,等译. 北京:中信出版社,2007.

[3] 毕超,王林弟. 人类的第二生存空间:海洋[M]. 北京:中国环境科学出版社,2002.

[4] 边燕杰. 城市居民社会资本的来源及作用:网络观点与调查发现[J]. 中国社会科学,2004(3):136-146.

[5] 卜长莉. 社会资本与社会和谐[M]. 北京:社会科学文献出版社,2005.

[6] 布尔迪厄. 文化资本与社会炼金术:布尔迪厄访谈录[M]. 包亚明,译. 上海:上海人民出版社,1997.

[7] 蔡丽华. 收入分配不公与社会公平正义探析[J]. 当代世界与社会主义,2012(1):173-176.

[8] 曹诗图. 旅游开发的正义反思与求索[J]. 旅游学刊,2017(4):6-8.

[9] 岑琳. 旅行社服务补救中心理授权对游客公平感知与满意的影响研究[D]. 南宁:广西大学,2014.

[10] 柴寿升,张道远,郑玮. 社区居民旅游公平感知与旅游参与、旅游收益的结构关系——以崂山风景区为例[J]. 中国石油大学学报(社会科学版),2016(6):23-30.

[11] 车慧颖. 基于增权理论的海岛社区参与旅游研究[D]. 青岛:中国海洋大学,2013.

[12] 陈国平,边二宝,李呈娇. 服务补救中自我调节导向对顾客感知公平的调节作用——基于旅行社的实证研究[J]. 旅游学刊,2012,27(8):

53-59.

[13] 陈华.社会资本视域下的我国城市社区治理[J].中共南京市委党校学报,2005(6):70-73.

[14] 陈怀超,范建红,牛冲槐.制度距离对中国跨国公司知识转移效果的影响研究——国际经验和社会资本的调节效应[J].科学学研究,2014,32(4):593-603.

[15] 陈金华,陈秋萍.居民对海岛旅游资源环境感知研究——以东山岛为例[J].中国海洋大学学报(社会科学版),2007(2):81-84.

[16] 陈娟,刘阳,车慧颖.增权理论视域下海岛社区参与旅游研究——以青岛市海岛社区为例[J].中国渔业经济,2012,30(4):110-117.

[17] 陈丽琴,方英群.社会资本视角下黎族女性在民族旅游中的发展[J].黔南民族师范学院学报,2016,36(5):78-82.

[18] 陈树强.增权:社会工作理论与实践的新视角[J].社会学研究,2003(5):70-83.

[19] 陈向明.扎根理论的思路和方法[J].教育研究与实验,1999(4):58-63.

[20] 陈晓红.社会资本视角下的民族旅游社区妇女精英化研究[D].西安:陕西师范大学,2012.

[21] 陈韵.广东滨海旅游发展的权利困境与社区增权研究——以阳江海陵岛为例[D].广州:广州大学,2015.

[22] 陈志永.西江苗寨旅游业可持续发展现状调查与研究[J].贵州教育学院学报,2009,20(9):27-32.

[23] 陈志永.贵州西江千户苗寨社区居民对旅游增权感知的空间分异研究[D].昆明:云南大学,2010.

[24] 陈志永,李乐京,李天翼.郎德苗寨社区旅游:组织演进、制度建构及其增权意义[J].西南边疆民族研究,2012(1):50-61.

[25] 陈志永,王化伟,李乐京.少数民族村寨社区居民对旅游增权感知研究[J].商业研究,2010(9):173-178.

[26] 陈志永,杨桂华,陈继军,等.少数民族村寨社区居民对旅游增权感知的空间分异研究——以贵州西江千户苗寨为例[J].热带地理,2011(2):216-222.

[27] 辞海编辑委员会.辞海[M].上海:上海辞书出版社,1980.

[28] 代媛媛.我国世界遗产旅游的公平性评价——以龙门石窟为例[D].南宁:广西大学,2008.

[29] 邓爱民,廖潇竹.增权理论视角下的少数民族旅游社区发展——以云南泸沽湖地区为例[J].武汉商学院学报,2015(6):5-9.

[30] 邓桂枝,汪纯孝.宾馆的组织公平性与服务公平性[J].旅游科学,2005,19(4):33-37.

[31] 丁德光.社会资本视域下的旅游精准扶贫[J].天水行政学院学报,2016(5):87-91.

[32] 董茜.社会资本视角下地质公园社区参与研究[D].北京:中国地质大学,2016.

[33] 杜建政,赵国祥,刘金平.测评中的共同方法偏差[J].心理科学,2005,28(2):420-422.

[34] 范斌.弱势群体的增权及其模式选择[J].学术研究,2004(12):73-78.

[35] 范莉娜,李秋成.社会资本、地方感对民族村寨旅游中居民支持态度的影响[J].浙江大学学报(理学版),2016(3):337-344.

[36] 方杰,张敏强,李晓鹏.中介效应的三类区间估计方法[J].心理科学进展,2011,19(5):765-774.

[37] 方然."社会资本"的中国本土化定量测量研究[D].北京:北京大学,2010.

[38] 方学梅.基于情绪的公正感研究[D].上海:华东师范大学,2009.

[39] 方亚琴,夏建中.城市社区社会资本测量[J].城市问题,2014(4):60-66.

[40] 弗朗西斯·福山.大分裂:人类本性与社会秩序的重建[M].北京:中国社会科学出版社,2002.

[41] 弗朗西斯·福山.社会资本、公民社会与发展[J].曹义烜,译.马克思主义与现实,2003(2):36-45.

[42] 高展军,江旭.企业家导向对企业间知识获取的影响研究——基于企业间社会资本的调节效应分析[J].科学学研究,2011(2):257-267.

[43] 耿先锋.顾客参与测量维度、驱动因素及其对顾客满意的影响机理研究——以杭州医疗服务业为例[D].杭州:浙江大学,2008.

[44] 桂勇,黄荣贵.社区社会资本测量:一项基于经验数据的研究[J].社会学研究,2008(3):122-142.

[45] 郭华.增权理论视角下的乡村旅游社区发展——以江西婺源李坑村为例[J].农村经济,2012(3):47-51.

[46] 郭凌,王志章,朱天助.社会资本与民族旅游社区治理——基于对泸沽湖旅游社区的实证研究[J].四川师范大学学报(社会科学版),2015,42(1):62-69.

[47] 郭文.乡村居民参与旅游开发的轮流制模式及社区增权效能研究——云南香格里拉雨崩社区个案[J].旅游学刊,2010,25(3):76-83.

[48] 郭文,黄震方.乡村旅游开发背景下社区权能发展研究——基于对云南傣族园和雨崩社区两种典型案例的调查[J].旅游学刊,2011(12):83-92.

[49] 何敏.基于增权理论的民族旅游地区贫困人口受益机制研究[D].绵阳:西南科技大学,2015.

[50] 胡荣.社会资本与中国农村居民的地域性自主参与——影响村民在村级选举中参与的各因素分析[J].社会学研究,2006(2):61-85.

[51] 胡王玉,尹昌霞,施志晓,等.海岛旅游开发对地方文化影响——以舟山普陀山与三亚槟榔谷为例[J].云南地理环境研究,2014,26(3):14-18.

[52] 胡卫伟.海岛旅游发展进程中的社会变迁研究[D].泉州:华侨大学,2015.

[53] 胡卫伟.旅游发展对海岛地区社会变迁的影响研究(1990—2013)——基于舟山朱家尖岛寺岙村的田野调查[J].浙江海洋学院学报(人文科学版),2016,33(1):46-53.

[54] 胡卫伟.海岛旅游发展对社会变迁影响的实证研究[J].旅游论坛,2016,9(2):35-42.

[55] 奂平清.社区仪式及其在社区社会资本创建中的作用——以西北弓村"转灯"仪式的实地研究为例[J].西北民族研究,2003(4):121-126.

[56] 黄建宏.城市社区社会资本的概念、缺失与路径重构——兼谈深圳社区社会资本的培育[J].老区建设,2009(16):27-29.

[57] 黄如梦,白祥.基于AHP的旅游社区增权评价研究——以罗布人村寨与塔西河乡为例[J].湖南农业科学,2017(5):97-101.

[58] 黄秀琳.惠众与公平:未来旅游发展的终极诉求[J].中国软科学,2011(3):65-71.

[59] 姜涌.马克思恩格斯的公平正义思想研究[J].广东社会科学,2004(3):60-66.

[60] 姜振华.社会资本视角下的社区治理[J].河南社会科学,2005,13(4):30-33.

[61] 柯洪,李赛,杜亚灵.风险分担对工程项目管理绩效的影响研究——基于社会资本的调节效应[J].软科学,2014,28(2):61-65.

[62] 李惠斌,杨雪冬.社会资本与社会发展[M].北京:社会科学文献出版社,2000.

[63] 李怀祖.管理研究方法论[M].西安:西安交通大学出版社,2000.

[64] 李菁.云南鹤庆新华村社会资本参与乡村旅游发展研究[J].旅游论坛,2012,05(3):80-86.

[65] 李乐京,陈志永.增权理论视阈下民族村寨乡村旅游发展省思——以西江苗寨景区为例[J].贵州师范学院学报,2012,28(12):33-37.

[66] 李乐京,吴亚平.民族村寨旅游地农民组织化的形式与社会资本价值研究[J].贵州师范大学学报(社会科学版),2014(4):96-101.

[67] 李萌.旅游社区参与及利益分配规则公平研究[D].青岛:中国海洋大学,2015.

[68] 李楠.基于社区社会资本测量的公共危机管理环境研究[D].天津:天津大学,2009.

[69] 李妮.社区社会资本与社区自治的关联及其发展[J].重庆社会科学,2008(10):50-53.

[70] 李鹏,杨桂华.社区参与旅游发展中公平与效率问题研究——以云南梅里雪山雨崩藏族村为例[J].林业经济,2010(8):120-124.

[71] 李秋成.人地、人际互动视角下旅游者环境责任行为意愿的驱动因素研究[D].杭州:浙江大学,2015.

[72] 李秋成,周玲强.社会资本对旅游者环境友好行为意愿的影响[J].旅游学刊,2014,29(9):73-82.

[73] 李瑞,吴殿廷,殷红梅.民族村寨旅游地居民满意度影响机理研究[M].北京:科学出版社,2016.

[74] 李瑞,吴殿廷,殷红梅,等.民族村寨旅游地居民满意度影响机理模型与实证——以社区、政府和企业力量导向模式的比较研究[J].地理学

报,2016,71(8):1416-1435.

[75] 李星群,文军.社会资本对乡村民营旅游经济实体创办的影响研究[J].商业时代,2009(33):104-106.

[76] 李晔,龙立荣.组织公平感研究对人力资源管理的启示[J].外国经济与管理,2003,25(2):12-17.

[77] 李紫荧.昆明市社区社会资本对居民健身参与行为的影响研究[D].昆明:云南师范大学,2014.

[78] 廖军华.社区增权视角下的民族村寨旅游发展研究:以贵州西江苗寨为采样点[M].成都:西南交通大学出版社,2012.

[79] 林南.社会资本:关于社会结构与行动的理论[M].张磊,译.上海:上海人民出版社,2005.

[80] 林南,俞弘强.社会网络与地位获得[J].马克思主义与现实,2003(2):46-59.

[81] 林炜铃,陈金华.旅游影响下海岛居民对生活方式变迁的感知差异——以鼓浪屿为例[J].城市问题,2014(2):56-61.

[82] 刘传喜,唐代剑,常俊杰.杭州乡村旅游产业集聚的时空演化与机理研究——基于社会资本视角[J].农业经济问题,2015(6):35-43.

[83] 刘枫.旅游虚拟社区成员知识共享行为研究[M].广州:暨南大学,2015.

[84] 刘好强.旅游公平对旅游社区居民社会排斥感与组织报复行为的影响[J].商业时代,2014(13):108-110.

[85] 刘静艳,陈阁芝,肖悦.社会资本对生态旅游收益与居民环保意识关系的调节效应[J].旅游学刊,2011,26(8):80-86.

[86] 刘静艳,李玲.公平感知视角下居民支持旅游可持续发展的影响因素分析——以喀纳斯图瓦村落为例[J].旅游科学,2016,30(4):1-13.

[87] 刘小萍.民族社区社会资本的实证研究:以理县桃坪羌寨和汶川萝卜寨为例[D].成都:四川师范大学,2013.

[88] 刘晓静,梁留科.旅游社会公平及其评价指标体系研究[J].武汉科技大学学报(社会科学版),2015,17(4):438-443.

[89] 刘亚.组织公平感的结构及其与组织效果变量的关系[D].武汉:华中师范大学,2002.

[90] 刘阳,车慧颖,安同江.青岛市海岛社区参与旅游影响因素分析——基于二项 Logistic 回归模型[J].青岛职业技术学院学报,2012,25(2):67-70.

[91] 刘宗粤.公平、公平感和公平机制[J].社会杂志,2000(7):26-27.

[92] 龙梅.民族村寨社区参与旅游发展的增权效应研究——以四川桃坪羌寨为例[J].农业经济,2011(12):21-22.

[93] 卢纹岱.SPSS for Windows 统计分析[M].3 版.北京:电子工业出版社.2006.

[94] 陆奇斌,张强,胡雅萌.乡村社区社会资本对农村基层政府灾害治理能力的影响[J].中国农业大学学报(社会科学版),2015,32(4):118-127.

[95] 罗尔斯.作为公平的正义[M].姚大志,译.上海:上海三联书店,2002.

[96] 路桑斯,等.心理资本:打造人的竞争优势[M].李超平,译.北京:中国轻工业出版社,2008.

[97] 罗家德,方震平.社区社会资本的衡量——一个引入社会网观点的衡量方法[J].江苏社会科学,2014(1):114-124.

[98] 罗纳德·伯特.结构洞:竞争的社会结构[M].任敏,李璐,林虹,译.上海:上海人民出版社,2008.

[99] 罗伯特·亚当斯.赋权、参与和社会工作[M].汪冬冬,译.上海:华东理工大学出版社,2013.

[100] 马东艳.民族村寨社区旅游居民满意度内驱因素研究[J].贵州民族研究,2014(8):170-173.

[101] 马东艳.旅游增权、社区参与和公平感知的关系研究——以四川理县桃坪羌寨为例[J].中央民族大学学报(哲学社会科学版),2015(4):104-111.

[102] 马泓芸.社会资本视域下的旅游地社区居民参与研究:以郎木寺镇为例[D].兰州:西北师范大学,2009.

[103] 马克思.马克思恩格斯全集(第 25 卷)[M].北京:人民出版社,1956.

[104] 马克思.政治经济学批判[M].北京:人民出版社,1971:序言、导言.

[105] 马丽卿.海岛型旅游目的地的特征及开发模式选择——以舟山群岛为例[J].经济地理,2011,31(10):1740-1744.

[106] 马丽卿,陈泠泠.基于国际化视野的舟山群岛休闲旅游产品体系构建[J].浙江学刊,2012(4):215-219.

[107] 毛明霞.高档商务饭店顾客抱怨处理公平性与顾客行为意向关系研究[D].杭州:浙江大学,2007.

[108] 牛喜霞,汤晓峰.农村社区社会资本的结构及影响因素分析[J].湖南师范大学社会科学学报,2013,42(a04):66-77.

[109] 裴志军.区域社会资本的维度及测量——基于浙江省县域的实证[J].统计与决策,2010(9):114-116.

[110] 彭静.海岛旅游开发的社会文化影响研究——以广西涠洲岛为例[J].旅游论坛,2012,5(3):111-117.

[111] 彭征安,刘鑫,杨东涛.组织公平与工作满意度:自我建构的调节作用[J].南京社会科学,2015(2):33-39.

[112] 任波.城市社区社会资本与老年人健身参与关系的实证研究[D].临汾:山西师范大学,2012.

[113] 荣泰生.AMOS 与研究方法[M].重庆:重庆大学出版社,2010.

[114] 尚前浪,陈刚.社会资本视角下民族地方乡规民约与旅游社区治理——基于泸沽湖落水村的案例分析[J].贵州社会科学,2016(8):44-49.

[115] 时少华.权力结构视角下社区参与旅游的研究[D].北京:中央民族大学,2012.

[116] 时少华.社会资本、旅游参与意识对居民参与旅游的影响效应分析——以北京什刹海社区为例[J].地域研究与开发,2015,34(3):101-106.

[117] 时少华,易瑾.休闲语境中社会资本研究进展与评析[J].旅游学刊,2014,29(12):101-110.

[118] 史耀波,温军,李国平.从起点和过程公平的视角论公平与效率[J].西安交通大学学报(社会科学版),2007,27(3):39-43.

[119] 史耀疆,崔瑜.公民公平观及其对社会公平评价和生活满意度影响分析[J].管理世界,2006(10):39-49.

[120] 世界环境与发展委员会.我们共同的未来[M].长春:吉林人民出版社,1997.

[121] 舒尔茨.论人力资本投资[M].吴珠华,译.北京:北京经济学院出版社,1990.

[122] 苏飞,陈媛,张平宇.基于集对分析的旅游城市经济系统脆弱性评价——以舟山市为例[J].地理科学,2013,33(5):538-544.

[123] 粟路军,黄福才.服务公平性对旅游者忠诚的作用机理研究——以武夷山观光旅游者为例[J].旅游科学,2010,24(4):26-39.

[124] 粟路军,黄福才.服务公平性、消费情感与旅游者忠诚关系——以乡村旅游者为例[J].地理研究,2011,30(3):463-476.

[125] 隋广军,盖翊中.城市社区社会资本及其测量[J].学术研究,2002(7):21-23.

[126] 孙九霞.赋权理论与旅游发展中的社区能力建设[J].旅游学刊,2008,23(9):22-27.

[127] 孙立平.社区、社会资本与社区发育[J].学海,2001(4):93-96.

[128] 孙以娜.农村社区社会资本实证研究——以沾化县吕望村为例[D].保定:河北大学,2016.

[129] 孙兆明,马波,张学忠.我国海岛可持续发展研究[J].山东社会科学,2010(1):110-114.

[130] 谭红娟.自然遗产地居民旅游发展公平感知研究[D].长沙:湖南师范大学,2011.

[131] 唐兵,惠红.民族地区原住民参与旅游开发的法律赋权研究——兼与左冰、保继刚商榷[J].旅游学刊,2014,29(7):39-46.

[132] 陶伟,徐辰.旅游地居民职业转换中社会资本的影响与重塑——平遥案例[J].地理研究,2013,32(6):1143-1154.

[133] 田喜洲,左晓燕.人力资本、社会资本及心理资本对酒店员工的协同作用[J].旅游学刊,2013,28(11):118-124.

[134] 汪德根,王金莲,陈田,等.乡村居民旅游支持度影响模型及机理——基于不同生命周期阶段的苏州乡村旅游地比较[J].地理学报,2011,66(10):1413-1426.

[135] 汪运波,肖建红.基于生态足迹成分法的海岛型旅游目的地生态补偿标准研究[J].中国人口·资源与环境,2014,24(8):149-155.

[136] 汪秋菊,刘宇.公平视角下旅游绩效的测度[J].北京第二外国语学院

学报,2014,36(7):55-62.

[137] 王昌海.效率、公平、信任与满意度:乡村旅游合作社发展的路径选择[J].中国农村经济,2015(4):59-71.

[138] 王纯阳,黄福才.从"社区参与"走向"社区增权"——开平碉楼与村落为例[J].人文地理,2013(1):141-149.

[139] 王德刚.旅游公平论[J].中大管理研究,2012(1):1-12.

[140] 王风维.大连海岛社区参与旅游发展机制与模式研究[D].青岛:中国海洋大学,2012.

[141] 王华,龙慧,郑艳芬.断石村社区旅游:契约主导型社区参与及其增权意义[J].人文地理,2015(5):106-110.

[142] 王华,郑艳芬.社区参与旅游的权利去哪了? ——基于我国旅游法律法规条文的内容分析[J].旅游学刊,2015,30(5):74-84.

[143] 王会战.文化遗产地社区旅游增权研究[D].西安:西北大学,2015.

[144] 王会战,李树民,刘洋,等.中国情境下文化遗产地社区居民旅游增权的结构与测量——基于个体感知的视角[J].预测,2015(4):34-40.

[145] 王亮.社区社会资本与社区归属感的形成[J].求实,2006(9):48-50.

[146] 王宁.消费者增权还是消费者去权——中国城市宏观消费模式转型的重新审视[J].中山大学学报(社会科学版),2006,46(6):100-106.

[147] 王亚娟.社区参与旅游的制度性增权研究[J].旅游科学,2012,26(3):18-26.

[148] 王一多.论公平概念的可操作性定义[J].西南民族大学学报(人文社科版),2005,26(10):192-196.

[149] 王咏,陆林.基于社会交换理论的社区旅游支持度模型及应用——以黄山风景区门户社区为例[J].地理学报,2014,69(10):1557-1574.

[150] 王玥,卢新海.国有土地上房屋被征收人的公平感知对征收补偿意愿的影响[J].中国土地科学,2013(9):11-18.

[151] 温忠麟,刘红云,侯杰泰.调节效应和中介效应分析[M].北京:教育科学出版社,2012.

[152] 翁时秀,彭华.旅游发展初级阶段弱权利意识型古村落社区增权研究——以浙江省楠溪江芙蓉村为例[J].旅游学刊,2011,26(7):53-59.

[153] 吴畏,赵川.基于语义的自然语言理解研究[J].数字通信,2014,41

(4):32-34.

[154] 吴艳,温忠麟.结构方程建模中的题目打包策略[J].心理科学进展, 2011,19(12):1859-1867.

[155] 吴明隆.结构方程模型:AMOS 的操作与应用[M].重庆:重庆大学出版社,2009.

[156] 夏雪艳.基于生活形态的古村落居民旅游增权感知研究[D].长沙:湖南师范大学,2014.

[157] 向德平,胡振光."村改居"社区:治理困境、目标取向与对策[J].社会主义研究,2014(3):23-25.

[158] 肖建红,于庆东,陈东景,等.舟山普陀旅游金三角游憩价值评估[J].长江流域资源与环境,2011,20(11):1327-1333.

[159] 肖艳荣.居民公正感知、政府信任与冲突处理行为意向关系研究[D].长沙:湖南师范大学,2015.

[160] 谢礼珊,龚金红,徐泽文.顾客感知的旅游服务不公平事件研究——基于关键事件分析法[J].旅游学刊,2009,24(9):67-72.

[161] 谢礼珊,韩小芸,顾赟.服务公平性、服务质量、组织形象对游客行为意向的影响——基于博物馆服务的实证研究[J].旅游学刊,2007,22(12):51-58.

[162] 熊文彦.旅游景点服务公平对顾客抱怨行为的影响[D].南昌:江西财经大学,2015.

[163] 修新田.参与式森林旅游发展中的社区增权机制和路径研究[D].福州:福建农林大学,2015.

[164] 修新田,陈秋华,赖启福.社区居民参与森林旅游发展的影响因素分析[J].福建论坛(人文社会科学版),2015(5):155-159.

[165] 徐福英,刘涛.海岛旅游可持续发展机理研究[J].资源开发与市场, 2014,30(1):118-120.

[166] 徐福英,马波,刘涛.海岛旅游可持续发展系统的构建与运行——基于人地关系协调的视角[J].社会科学家,2014(7):82-88.

[167] 胥兴安,孙凤芝,王立磊.居民感知公平对社区参与旅游发展的影响研究——基于社区认同的视角[J].中国人口·资源与环境,2015a, 25(12):113-120.

[168] 胥兴安,王立磊,张广宇.感知公平、社区支持感与社区参与旅游发展

关系——基于社会交换理论的视角[J].旅游科学,2015b,29(5):14-26.

[169] 许振晓,张捷,Geoffrey W,等.居民地方感对区域旅游发展支持度影响——以九寨沟旅游核心社区为例[J].地理学报,2009,64(6):736-744.

[170] 薛纪萍,阎伍玖.海岛旅游可持续发展评价指标体系研究[J].资源开发与市场,2008,24(10):878-880.

[171] 亚里士多德.亚里士多德选集(伦理学卷)[M].颜一,译.北京:中国人民大学出版社,1999.

[172] 亚当·斯密.国民财富的性质和原因的研究[M].郭大力,王亚南,译.北京:商务印书馆,1972.

[173] 燕继荣.社会资本与国家治理[M].北京:北京大学出版社,2015.

[174] 杨杰.组织行为学[M].北京:北京大学出版社,2008.

[175] 杨昆.旅游增权与民族社区社会文化变迁——基于西藏山南两个社区的对比研究[J].西藏民族大学学报(哲学社会科学版),2016,37(2):88-94.

[176] 杨奇美.海岛旅游地居民的影响感知研究——浙江"普陀旅游金三角"实证研究[J].特区经济,2008(5):163-165.

[177] 姚媛媛,崔蒙.基于本体的语义网络在中医药领域中的应用[J].国际中医中药杂志,2013,35(7):663-665.

[178] 于萍.基于社区增权的乡村旅游可持续发展研究[J].哈尔滨商业大学学报(社会科学版),2010(2):93-96.

[179] 袁振龙.社区社会资本对社区治安状况的影响[J].中国人民公安大学学报(社会科学版),2009(6):61-68.

[180] 詹姆斯·S.科尔曼.社会理论基础[M].邓方,译.北京:社会科学文献出版社,1999.

[181] 詹志方,甘碧群.旅行社服务公平感的结构维度及其对关系质量的影响[J].旅游学刊,2006,21(3):62-67.

[182] 张河清,廖碧芯,陈韵,等.滨海旅游社区增权测评的指标体系与实证研究——以广东阳江海陵岛为例[J].陕西师范大学学报(自然科学版),2017,45(3):94-99.

[183] 张敬伟,马东俊.扎根理论研究法与管理学研究[J].现代管理科学,

2009,(2):115-117.

[184] 张荣.从社区社会资本的培育探究和谐社区的创建[J].济南大学学报(社会科学版),2006,16(2):14-17.

[185] 张伟豪.论文写作 SEM 不求人[M].高雄:三星统计服务有限公司,2011.

[186] 张伟豪,郑时宜.与结构方程模型共舞——曙光初现[M].新北:前程文化事业有限公司,2012.

[187] 张文宏,栾博.社会结构取向下的社会资本研究概念、测量与功能[J].社会,2007,27(2):52-71.

[188] 张文宏,阮丹青,潘允康.天津农村居民的社会网[J].社会学研究,1999(2):110-120.

[189] 张冀.城中村旅游发展过程中社区旅游增权研究[D].泉州:华侨大学,2015.

[190] 张彦.社区旅游增权研究[D].济南:山东大学,2012.

[191] 张彦,于伟.旅游活动对城市旅游目的地社会资本的影响分析——以济南市两社区为例[J].旅游学刊,2011,26(8):66-71.

[192] 张乂心.景区居民土地征用公正感知的影响因素研究[D].长沙:湖南师范大学,2015.

[193] 张媛.中国青少年社会公平感的结构与测量[D].武汉:华中师范大学,2009.

[194] 赵丹丹.社区旅游增权评价研究——以南京汤山为例[D].南京:南京师范大学,2010.

[195] 赵廷彦.社区失谐与社区社会资本的重构[J].社会科学辑刊,2007(2):76-78.

[196] 赵廷彦.重建社区社会资本的路径选择[J].辽宁大学学报(哲学社会科学版),2008,36(3):15-19.

[197] 赵延东.测量西部城乡居民的社会资本[J].华中师范大学学报(人文社会科学版),2006,45(6):48-52.

[198] 赵延东,罗家德.如何测量社会资本:一个经验研究综述[J].国外社会科学,2005(2):18-24.

[199] 赵玉宗,顾朝林,李东和,等.旅游绅士化:概念、类型与机制[J].旅游学刊,2006,21(11):70-74.

［200］郑功成.中国社会公平状况分析——价值判断、权益失衡与制度保障［J］.中国人民大学学报,2009,23(2):1-11.

［201］钟金凤.海岛旅游开发中的社区增权研究［D］.广州:暨南大学,2013.

［202］舟山市统计局.舟山市2016年国民经济和社会发展统计公报［R/OL］.(2017-03-17)［2017-03-22］.http://zsfgw.zhoushan.gov.cn/art/2017/3/17/art_1297634_7554770.html.

［203］周浩,龙立荣.共同方法偏差的统计检验与控制方法［J］.心理科学进展,2004,12(6):942-942.

［204］周林刚.激发权能理论:一个文献的综述［J］.深圳大学学报(人文社会科学版),2005,22(6):45-50.

［205］朱晶晶,陆林,杨效忠,等.海岛型旅游地空间结构演化机理——以浙江省舟山群岛为例［J］.经济地理,2006,26(6):1051-1053.

［206］朱玉熹.民族地区旅游开发中的社区增权问题研究［D］.成都:西南财经大学,2011.

［207］邹宜斌.社会资本:理论与实证研究文献综述［J］.经济评论,2005(6):120-125.

［208］左冰.旅游增权理论本土化研究——云南迪庆案例［J］.旅游科学,2009,23(2):1-8.

［209］左冰.社区参与:内涵、本质与研究路向［J］.旅游论坛,2012,5(5):1-6.

［210］左冰.分配正义:旅游发展中的利益博弈与均衡［J］.旅游学刊,2016,31(1):12-21.

［211］左冰,保继刚.从"社区参与"走向"社区增权"——西方"旅游增权"理论研究述评［J］.旅游学刊,2008,23(4):58-63.

［212］左冰,保继刚.制度增权:社区参与旅游发展之土地权利变革［J］.旅游学刊,2012,27(2):23-31.

英文文献

[213] Adams J S. Wage Inequities, Productivity and Work Quality[J]. Industrial Relations, 1963, 3(1):9-16.

[214] Adams J S. Inequity in Social Exchange[J]. Advances in Experimental Social Psychology, 1965, 2(4):267-299.

[215] Ahmad M S, Talib N B A. Empirical Investigation of Community Empowerment and Sustainable Development: Quantitatively Improving Qualitative Model[J]. Quality & Quantity, 2015, 49(2): 637-655.

[216] Akama J S. Western Environmental Values and Nature-based Tourism in Kenya[J]. Tourism Management, 1996, 17(8): 567-574.

[217] Akama J S, Kieti D. Tourism and Socio-economic Development in Developing Countries: A Case Study of Mombasa Resort in Kenya [J]. Journal of Sustainable Tourism, 2007, 15(6):735-748.

[218] Anderson J C, Gerbing D W. Structural Equation Modeling in Practice: A Review and Recommended Two-step Approach[J]. Psychological Bulletin, 1988, 103(3):411-423.

[219] Ansari S, Munir K, Gregg T. Impact at the "Bottom of the Pyramid": The Role of Social Capital in Capability Development and Community Empowerment[J]. Journal of Management Studies, 2012, 49(4):813-842.

[220] Ap J. Residents' Perceptions Research on the Social Impacts of Tourism[J]. Annals of Tourism Research, 1990, 17(4):610-616.

[221] Aquino K. Relationships Among Pay Inequity, Perceptions of Procedural Justice, and Organizational Citizenship[J]. Employee Responsibilities and Rights Journal, 1995, 8(1):21-33.

[222] Armstrong J S, Overton T S. Estimating Nonresponse Bias in Mail Surveys[J]. Journal of Marketing Research, 1977, 14(3): 396-402.

[223] Arnstein S R. A Ladder Of Citizen Participation[J]. Journal of the

American Planning Association，1969，35(4):216-224.

[224] Attama，Nilnoppkun. Enhancing Social Capital Through Networking for Sustainable Tourism Development: An Application to Khon Kaen Province, Thailand[J]. Journal of Social Research，2012 (10):767-778.

[225] Barrett P. Structural Equation Modelling: Adjudging Model Fit[J]. Personality and Individual Differences，2007，42(5):815-824.

[226] Baron R M，Kenny D A. The Moderator-mediator Variable Distinction in Social Psychological Research: Conceptual, Strategic, and Statistical Considerations[J]. Journal of Personality and Social Psychology，1986,51(6): 1173-1182.

[227] Barsky A，Kaplan S A. If You Feel Bad, It's Unfair: A Quantitative Synthesis of Affect and Organizational Justice Perceptions[J]. Journal of Applied Psychology，2007，92(1):286-295.

[228] Baum F E, Ziersch A M. Social Capital[J]. Journal of Epidemiology and Community Health，2003，57(5):320-323.

[229] Bies R J, Moag J S. Interactional Justice: Communication Criteria of Fairness[C]//Lewicki R J, Sheppard B H, Bazerman M H. Research on Organizations in Organizations Greenwich, CT: JAI Press, 1986: 43-55.

[230] Blodgett J G，Hill D J, Tax S S. The Effects of Distributive, Procedural, and Interactional Justice on Postcomplaint Behavior[J]. Journal of Retailing，1997，73(2):185-210.

[231] Boley B B, Ayscue E, Maruyama N, et al. Gender and Empowerment: Assessing Discrepancies Using the Resident Empowerment Through Tourism Scale[J]. Journal of Sustainable Tourism，2016: 1-17.

[232] Boley B B, Gaither C J. Exploring Empowerment Within the Gullah Geechee Cultural Heritage Corridor: Implications for Heritage Tourism Development in the Lowcountry[J]. Journal of Heritage Tourism，2016，11(2):155-176.

[233] Boley B B, McGehee N G. Measuring Empowerment: Developing and Validating the Resident Empowerment Through Tourism Scale (RETS)[J]. Tourism Management, 2014, 45:85-94.

[234] Boley B B, McGehee N G, Perdue R R, et al. Empowerment and Resident Attitudes Toward Tourism: Strengthening the Theoretical Foundation Through a Weberian Lens[J]. Annals of Tourism Research, 2014, 49:33-50.

[235] Bos V D, Kees. On the Subjective Quality of Social Justice: The Role of Affect as Information in the Psychology of Justice Judgments[J]. Journal of Personality and Social Psychology, 2003, 85(3):482-498.

[236] Bożetka Barbara. Wolin Island, Tourism and Conceptions of Identity[J]. Journal of Marine and Island Cultures, 2013, 2(1):1-12.

[237] Brougham J E, Butler R W. A Segmentation Analysis of Resident Attitudes to the Social Impact of Tourism[J]. Annals of Tourism Research, 1981, 8(4):569-590.

[238] Burt R. S. Structural Holes: The Social Structure of Competition [M]. Cambridge:Harvard University Press, 1995.

[239] Camargo B A. Justice and Fairness in Tourism: A Grounded Theory Study of Cultural Justice in Quintana Roo, Mexico[D]. Texas A&M University, College Station: 2011.

[240] Campbell D T, Fiske D W. Convergent and Discriminant Validation by the Multitrait-Multimethod Matrix[J]. Psychological Bulletin, 1959, 56(2):81-105.

[241] Chan G K. Social Networks as Social Capital for Eco-tourism in Malaysia: A Preliminary Sociological Study of the Langkawi Geopark [J]. Geografia Malaysian Journal of Society and Space, 2015, 11(13), 156-164.

[242] Chan S, Jepsen D M. Workplace Relationships, Attitudes, and Organizational Justice: A Hospitality Shift Worker Contextual Perspective [J]. Journal of Human Resources in Hospitality &

Tourism，2011，10(2):150-168.

[243] Chiang C F, Hsieh T S. The Impacts of Perceived Organizational Support and Psychological Empowerment on Job Performance: The Mediating Effects of Organizational Citizenship Behavior[J]. International Journal of Hospitality Management, 2012, 31(1):0-190.

[244] Churchill G A, Jr. A Paradigm for Developing Better Measures of Marketing Constructs[J]. Journal of Marketing Research, 1979, 16(1):64-73.

[245] Claiborne P. Community Participation in Tourism Development and the Value of Social Capital-the case of Bastimentos, Bocas del Toro, Panamá[J]. Community Development, 2010.

[246] Clark A S. For the Better Administration of Justice: County Court Reform in Late-nineteenth-century British Columbia[D]. Vancouver: University of British Columbia, 1992.

[247] Clark M N, Adjei M T, Yancey D N. The Impact of Service Fairness Perceptions on Relationship Quality[J]. Services Marketing Quarterly, 2009, 30(3):287-302.

[248] Cohen A, Avrahami A. The Relationship Between Individualism, Collectivism, the Perception of Justice, Demographic Characteristics and Organisational Citizenship Behaviour[J]. The Service Industries Journal, 2006, 26(8):889-901.

[249] Cole S. Information and Empowerment: The Keys to Achieving Sustainable Tourism[J]. Journal of Sustainable Tourism, 2006, 14(6):629-644.

[250] Coleman J S. Foundations of Social Theory[M]. Cambridge: Harvard University Press,1990.

[251] Coleman J S. Social Capital in the Creation of Human Capital[J]. American Journal of Sociology, 1988, 94(Supplement):95-120.

[252] Colquitt J A. On the Dimensionality of Organizational Justice: A Construct Validation of a Measure[J]. Journal of Applied Psychology, 2001, 86(3):386-400.

［253］ Colquitt J A. Organizational Justice［J］. International Encyclopedia of the Social & Behavioral Sciences，2012,13(1)，379-384.

［254］ Conger J A，Kanungo R N. The Empowerment Process：Integrating Theory and Practice［J］. Academy of Management Review，1988，13(3):471-482.

［255］ Cremer D D，Bos K V D. Justice and Feelings：Toward a New Era in Justice Research［J］. Social Justice Research，2007，20(1):1-9.

［256］ Cronbach L J. Coefficient Alpha and the Internal Structure of Tests ［J］. Psychometrika，1951,16(3)，297-334.

［257］ Dallago L,Perkins D D，Santinello M，et al. Adolescent Place Attachment，Social Capital，and Perceived Safety：A Comparison of 13 Countries［J］. American Journal of Community Psychology，2009，44(1-2)，148-160.

［258］ Deth J W V. Measuring Social Capital：Orthodoxies and Continuing Controversies［J］. International Journal of Social Research Methodology，2003，6(1)，79-92.

［259］ Deutsch M. Equity，Equality，and Need：What Determines Which Value Will Be Used as the Basis of Distributive Justice? ［J］. The Journal of Social Issues，1975，31(3):137-149.

［260］ Dodds R. Koh Phi Phi：Moving Towards or Away from Sustainability? ［J］. Asia Pacific Journal of Tourism Research，2010，15(3):251-265.

［261］ Dolan P. Social Support，Social Justice，and Social Capital：A Tentative Theoretical Triad for Community Development［J］. Community Development，2008,39(1)，112-119.

［262］ Duim V R，Peters K B M，et al. Cultural Tourism in African Communities：A Comparison Between Cultural Manyattas in Kenya and the Cultural Tourism Project in Tanzania［J］. 2006(4) 104-123.

［263］ Dunn S. Toward Empowerment：Women and Community-based Tourism in Thailand［D］. Eugene:University of Oregon, 2007.

［264］ Dyer P，Gursoy D，Sharma B，et al. Structural Modeling of Resident Perceptions of Tourism and Associated Development on the Sunshine Coast, Australia[J]. Tourism Management, 2007, 28(2):409-422.

[265] Ecclestone K, Field J. Promoting Social Capital in a "Risk Society": A New Approach to Emancipatory Learning or a New Moral Authoritarianism? [J]. British Journal of Sociology of Education, 2003, 24(3):267-282.

[266] Ehrhardt K, Shaffer M, Chiu W C K, et al. "National" Identity, Perceived Fairness and Organizational Commitment in a Hong Kong Context: A Test of Mediation Effects[J]. The International Journal of Human Resource Management, 2012, 23(19):4166-4191.

[267] Farr J. Social Capital: A Conceptual History[J]. Political Theory, 2004, 32(1):6-33.

[268] Farrelly T A. Indigenous and democratic decision-making: issues from community-based ecotourism in the Boumā National Heritage Park, Fiji[J]. Journal of Sustainable Tourism, 2011, 19(7):817-835.

[269] Folger R. Rethinking Equity Theory[C]//Bierhoff H W, Cohen R L, Greenberg J. Justice in Social Relations. New York and London: Plenum Press,1986: 145-162.

[270] Folger R, Cropanzano R. Fairness Theory: Justice as Accountability[C]//Greenberg J, Cropanzano R. Advances in Organizational Justice. Palo Alto: Stanford University Press,2001.

[271] Fornell C, Larcker D F. Evaluating Structural Equation Models with Unobservable Variables and Measurement Error[J]. Journal of Marketing Research, 1981, 18(1):39-50.

[272] Fryxell G E, Gordon M E. Workplace Justice and Job Satisfaction as Predictors of Satisfaction with Union and Management[J]. The Academy of Management Journal, 1989, 32(4):851-866.

[273] Fukuyama F. Social Capital, Civil Society and Development[J]. Third World Quarterly, 2001, 22(1):7-20.

[274] Glaser B, Strauss A L. The Discovery of Grounded Theory: Strategies for Qualitative Research[J]. Nursing Research, 1965, 17(4): 377-380.

[275] Graham T M, Glover T D. On the Fence: Dog Parks in the (Un) Leashing of Community and Social Capital[J]. Leisure Sciences, 2014, 36(3):217-234.

[276] Greenberg J. The Social Side of Fairness: Interpersonal and Informational Classes of Organizational Justice[C]//Cropanzano R. Justice in the Workplace: Appoaching Fairness in Human Resource Management. Hillside, N J.: Erlbaum, 1993a:79-103.

[277] Greenberg J. Stealing in the Name of Justice: Informational and Interpersonal Moderators of Theft Reactions to Underpayment Inequity[J]. Organizational Behavior & Human Decision Processes, 1993b, 54(1):81-103.

[278] Greenberg J, Folger R. Procedural Justice, Participation, and the Fair Process Effect in Groups and Organizations[C]// Paulus P. Basic Group Processes. New York: Springer-Verlag New York Inc. 1983:235-256.

[279] Grootaert C, Ibrd W D, Narayan D, et al. Measuring Social Capital: An Integrated Questionnaire[J]. World Bank Publications, 2004, 49(2):201-220.

[280] Gursoy D, Jurowski C, Uysal M. Resident Attitudes: A Structural Modeling Approach[J]. Annals of Tourism Research, 2002, 29 (1):79-105.

[281] Gutiérrez L M. Working with Women of Color: An Empowerment Perspective[J]. Social work, 1990, 35(2):149-153.

[282] Gutiérrez, Lorraine M, Delois K A, et al. Understanding Empowerment Practice: Building on Practitioner-Based Knowledge [J]. Families in Society: The Journal of Contemporary Social Services, 1995, 76(9):534-542.

[283] Hair J F, Anderson R E, Tatham R L, et al. Multivariate Data A-

nalysis[M]. 7th ed. Englewood Cliffis,NJ:Prentice Hall,2009.

[284] Harper R, Kelly M. Measuring Social Capital in the United Kingdom [J/OL]. www. statistics. gov. uk/social capital, 2003.

[285] Harpham T. The Measurement of Community Social Capital Through Surveys[M]// Kawachi I, Subramanian S V, Kim D. Social Capital and Health. New York: Springer,2008: 51-62.

[286] Hemdi M A, Nasurdin A M. Investigating the Influence of Organizational Justice on Hotel Employees' Organizational Citizenship Behavior Intentions and Turnover Intentions[J]. Journal of Human Resources in Hospitality & Tourism, 2007, 7(1):1-23.

[287] Homans G C. Social Behavior as Exchange[J]. American Journal of Sociology, 1958, 63(6):597-606.

[288] Ingen E V, Eijck K V. Leisure and Social Capital: An Analysis of Types of Company and Activities[J]. Leisure Sciences, 2009, 31 (2):192-206.

[289] Ismail F, King B, Ihalanayake R, et al. Host and Guest Perceptions of Tourism Impacts in Island Settings: A Malaysian Perspective[J]. Island Tourism Sustainable Perspectives, 2011:87-102.

[290] James L R, Brett J M. Mediators, Moderators, and Test for Mediation[J]. Journal of Applied Psychology, 1984,69(2), 307-321.

[291] Jamieson N. Sport Tourism Events as Community Builders——How Social Capital Helps the "Locals" Cope[J]. Journal of Convention & Event Tourism, 2014, 15(1):57-68.

[292] Johnson H, Wilson G. Biting the Bullet: Civil Society, Social Learning and the Transformation of Local Governance[J]. World Development, 2000, 28(11):1891-1906.

[293] Jones S. Community-Based Ecotourism: The Significance of Social Capital[J]. Annals of Tourism Research, 2005, 32(2):303-324.

[294] Kaiser H F. The Application of Electronic Computers to Factor Analysis[J]. Educational & Psychological Measurement, 1960, 20 (1):141-151.

[295] Kaiser H F, Rice J. Little Jiffy, Mark IV[J]. Journal of Education-al & Psychological Measurement, 1974, 34(1):111-117.

[296] Karatepe, Osman M. Procedural Justice, Work Engagement, and Job Outcomes: Evidence from Nigeria[J]. Journal of Hospitality Marketing & Management, 2011, 20(8):855-878.

[297] Kawachi I, Kim D, Coutts A, et al. Commentary: Reconciling the Three Accounts of Social Capital[J]. International Journal of Epide-miology, 2004, 33(4):682-690.

[298] Kay A. Social Capital, the Social Economy and Community Develop-ment[J]. Community Development Journal, 2006, 41(2).

[299] Kees V D B, Vermunt R, Wilke H A M. Procedural and Distribu-tive Justice: What is Fair Depends More on What Comes First Than on What Comes Next[J]. Journal of Personality & Social Psychol-ogy, 1997,72(1), 95-104.

[300] Khan Z, Khan S, Shahzad S. Moderating Role of Procedural Justice and Empowerment in Transformational Leadership with Its Impact on Organizational Commitment[J]. International Review of Manage-ment & Business Research, 2013. (2).

[301] Kieffer C H. Citizen Empowerment: A Developmental Perspective [J]. Prevention in Human Services, 1983, 3(2-3):9.

[302] Kim T, Woogon K, Hongbumm K. The Effects of Perceived Justice on Recovery Satisfaction, Trust, Word-of-Mouth, and Revisit In-tention in Upscale Hotels[J]. Tourism Management, 2009, 30(1): 51-62.

[303] Kline R B. Principles and Practice of Structural Equation Modeling [M]. 2nd ed. New York: Guilford Press. 2005, 50-71.

[304] Kuljukka T, Rantanen L, Mikkonen S, et al. Measuring Social Capital Assessing Construct Stability of Various Operationalizations of Social Capital in a Finnish Sample[J]. Acta Sociologica, 2006, 49 (2):201-220.

[305] Lee H R, Murrmann S K, Murrmann K F, et al. Organizational

Justice as a Mediator of the Relationships Between Leader-Member Exchange and Employees' Turnover Intentions[J]. Journal of Hospitality Marketing & Management, 2010, 19(2):97-114.

[306] Leventhal G S. The Distribution of Rewards and Resources in Groups and Organizations[J]. Advances in Experimental Social Psychology, 1976, 9:91-131.

[307] Leventhal G S. What Should Be Done with Equity Theory? New Approaches to the Study of Fairness in Social Relationships[C]// Grgen K J, Greenberg M B, Will R H. Social Exchange: Advances in Theory & Research New York: Plenum 1980:52.

[308] Leventhal G S, Karuza J, Fry W L R. Beyond Fairness: A Theory of Allocation Preferences[J]. Justice and Social Interaction, 1980 (3):167-218.

[309] Li Y M. Effect of Social Capital of Snack Stall Clusters on Tourist Leisure Involvement[J]. Pakistan Journal of Statistics, 2011, 27 (5), 685-697.

[310] Lind E A. Fairness Heuristic Theory: Justice Judgments as Pivotal Cognitions in Organizational Relations[J]. Advances in Organizational Justice, 2001(11):56-88.

[311] Lind E A, Allan E. The Social Psychology of Procedural Justice[J]. Critical Issues in Social Justice, 1989, 57(5):830-838.

[312] Lind E A, Earley P C. Procedural Justice and Culture[J]. International Journal of Psychology, 1992, 27(2):227-242.

[313] Lochner K, Kawachi I, Kennedy B P. Social Capital: A Guide to Its Measurement[J]. Health & Place, 1999, 5(4):259-270.

[314] Lutter M. Do Women Suffer from Network Closure? The Moderating Effect of Social Capital on Gender Inequality in a Project-Based Labor Market, 1929 to 2010[J]. American Sociological Review, 2015,80(2):329-358.

[315] Macbeth J, Carson D, Northcote J. Social Capital, Tourism and Regional Development: SPCC as a Basis for Innovation and Sustain-

ability[J]. Current Issues in Tourism, 2004, 7(6): 502-522.

[316] Macleod D. Cultural Realignment, Islands and the Influence of Tourism: A New Conceptual Approach[J]. Shima: The International Journal of Research into Island Cultures, 2013, 7(2):74-91.

[317] Madrigal R. A tale of tourism in two cities[J]. Annals of Tourism Research, 1993,20(2):336-353.

[318] Malhotra A, Schuler S R, Boender C. Measuring Women's Empowerment as a Variable in International Development[D]. World Bank Workshop on Poverty and Gender: New Perspectives, 2002:1-59.

[319] Maruyama N U, Woosnam K M, Boley B B. Comparing Levels of Resident Empowerment Among Two Culturally Diverse Resident Populations in Oizumi, Gunma, Japan[J]. Journal of Sustainable Tourism, 2016,24(10):1-19.

[320] Mattila A S, Choi S. The Impact of Hotel Pricing Policies on Perceived Fairness and Satisfaction with the Reservation Process[J]. Journal of Hospitality & Leisure Marketing, 2005, 13(1):25-39.

[321] McGehee N G. Alternative Tourism and Social Movements[J]. Annals of Tourism Research, 2002, 29(1):124-143.

[322] McGettigan F, Burns K, Candon F, et al. Community Empowerment Through Voluntary Input: A Case Study of Kiltimagh Integrated Resource Development (IRD)[J]. Anz Journal of Surgery, 2006, 76(11):1023-1026.

[323] Minjoo K, Hyochang L. Effects of Hotel Employees' Perception of Wage Justice: The Case of South Korea[J]. Asia Pacific Journal of Tourism Research, 2005, 10(2):157-172.

[324] Mohamad D, Rahman S, Bahauddin A, et al. Physical Environmental Impacts of Island Tourism Development: A Case Study of Pangkor Island[J]. Geografia Malaysian Journal of Society & Space, 2015,(11):120-128.

[325] Montada L. Justice, Equity, and Fairness in Human Relations [C]// Weiner I B. Handbook of Psychology[C]. New York:John

Wiley, Sons, Inc. 2003.

[326] Moorman R H. Relationship Between Organizational Justice and Organizational Citizenship Behaviors: Do Fairness Perceptions Influence Employee Citizenship? [J]. Journal of Applied Psychology, 1991, 76(6):845-855.

[327] Moscardo G, Schurmann A, Konovalov E, et al. Using Tourism to Build Social Capital in Communities: New Pathways to Sustainable Tourism Futures[J/OL]. Engaging Communities in Sustainable Tourism Development, 2013(6):219-236.

[328] Moyle B D, Croy W G, Weiler B. Community Perceptions of Tourism: Bruny and Magnetic Islands, Australia[J]. Asia Pacific Journal of Tourism Research, 2010, 15(3):353-366.

[329] Mura P, Tavakoli R. Tourism and Social Capital in Malaysia[J]. Current Issues in Tourism, 2014, 17(1):28-45.

[330] Narayan D. Empowerment and Poverty Reduction: A Sourcebook [R]. Washington DC: World Bank,2002.

[331] Narayan D. The Contribution of People's Participation: Evidence from 121 Rural Water Supply Projects[R]. Environmentally Sustainable Development Occasional Papers, No. 1, Washington DC, World Bank: 1995.

[332] Narayan D, Cassidy M F. A Dimensional Approach to Measuring Social Capital: Development and Validation of a Social Capital Inventory[J]. Current Sociology, 2001, 49(2):59-102.

[333] Narayan D. Measuring Empowerment: Cross Disciplinary Perspectives[R]. Washington DC: World Bank, 2005.

[334] Newton K. Social Trust and Political Disaffection:Social Capital and Democracy [C]. Exeter: Euresco Conference on Social Capital, 2001:15-20.

[335] Nunkoo R, Ramkissoon H. Small Island Urban Tourism: A Residents' Perspective[J]. Current Issues in Tourism, 2010, 13 (1):37-60.

[336] Nunkoo R, Ramkissoon H. Developing a Community Support Model for Tourism [J]. Annals of Tourism Research, 2011, 38 (3): 964-988.

[337] Nunkoo R, Ramkissoon H. Public Trust in Tourism Institutions [J]. Annals of Tourism Research, 2012, 39(3):1538-1564.

[338] Nunkoo R, So K K F. Residents' Support for Tourism: Testing Alternative Structural Models[J]. Journal of Travel Research, 2015, 55(7).

[339] Nunnally J. Psychometric Methods [M]. 2nd ed. New York: McGraw-Hill,1978.

[340] Okazaki E. A Community-Based Tourism Model: Its Conception and Use[J]. Journal of Sustainable Tourism, 2008,16(5):511-529.

[341] Onyx J, Bullen P. Measuring Social Capital in Five Communities [J]. The Journal of Applied Behavioral Science, 2000, 36 (1): 23-42.

[342] Ostrom E. Collective Action and the Evolution of Social Norms[J]. Journal of Economic Perspectives, 2014, 6(4):235-252.

[343] Ostrom E, Ahn T K. The Meaning of Social Capital and Its Link to Collective Action[J]. Public Management Review, 2009, 11(3): 394-396.

[344] Park D B, Lee K W, Choi H S, et al. Factors Influencing Social Capital in Rural Tourism Communities in South Korea[J]. Tourism Management, 2012, 33(6):1511-1520.

[345] Park D B, Nunkoo R, Yoon Y S. Rural Residents' Attitudes to Tourism and the Moderating Effects of Social Capital[J]. Tourism Geographies, 2015, 17(1):112-133.

[346] Perkins D D, Zimmerman M A. Empowerment Theory, Research, and Application[J]. American Journal of Community Psychology, 1995, 23(5):569-579.

[347] Petrić L. Empowerment of Communities for Sustainable Tourism Development: Case of Croatia[J]. Tourism, 2007, 55(4):431-443.

[348] Podsakoff P M, Mackenzie S B, Lee J Y, et al. Common Method Biases in Behavioral Research: A Critical Review of the Literature and Recommended Remedies[J]. Journal of Applied Psychology, 2003, 88(5):879-903.

[349] Pongponrat K, Naphawan J, Chantradoan. Mechanism of Social Capital in Community Tourism Participatory Planning in Samui Island, Thailand[J]. Tourismos An International Multidisciplinary Journal of Tourism, 2012, 7(1).

[350] Pongponrat, Kannapa. Participatory Management Process in Local Tourism Development: A Case Study on Fisherman Village on Samui Island, Thailand[J]. Asia Pacific Journal of Tourism Research, 2011, 16(1):57-73.

[351] Pons A, Salamanca, Onofre Rullán, Murray I. Tourism Capitalism and Island Urbanization: Tourist Accommodation Diffusion in the Balearics, 1936—2010[J]. Island Studies Journal, 2014, 9(2):239-258.

[352] Preacher K J, Hayes A F. SPSS and SAS Procedures for Estimating Indirect Effects in Simple Mediation Models[J]. Behavior Research Methods, Instruments, & Computers, 2004, 36(4):717-731.

[353] Putnam R D. Bowling Alone: The Collapse and Revival of American Community[M]. New York: Simon & Schuster, 2000.

[354] Putnam R D. Making Democracy Work. Civil Traditions in Modern Italy[M]. Princeton:Princeton University Press, 1993.

[355] Rappaport J. Terms of Empowerment/Exemplars of Prevention: Toward a Theory for Community Psychology[J]. American Journal of Community Psychology, 1987, 15(2):121.

[356] Raúl H M. Structural Change and Economic Growth in Small Island Tourism Countries[J]. Tourism and Hospitality Planning & Development, 2008, 5(1):1-12.

[357] Reis H T, Porac J F. Equity and the Perception of Social Relationships[C]. Washington: The Annual Convention of American Psy-

chological Association，1976:24.

[358] Rezazadeh M H，Zehi F H，Rad R E. The Study of Moderating Role of Social Capital in the Relationship Between Development of Urban Tourism and Sustainable Urban Development (Case Study: Zahedan)[J]. Current Urban Studies，2016，4(4):461-475.

[359] Rijanta R. Local Community Empowerment Through Vocational Training in Tourism on Karimunjawa Islands: Poor- Poor Tourism Approach[C]. Asia Tourism Forum 2016—the 12th Biennial Conference of Hospitality and Tourism Industry in Asia. 2016.

[360] Riger S. What's Wrong with Empowerment[J]. American Journal of Community Psychology，1993，21(3):279-292.

[361] Robinson M，Smith M K，Ebrary I. Cultural Tourism in a Changing World: Politics，Participation and (re)Presentation[J]. Geography，2008，93(1):58-58.

[362] Scheyvens R. Ecotourism and the Empowerment of Local Communities[J]. Tourism Management，1999，20(2):245-249.

[363] Scheyvens R. Promoting Women's Empowerment Through Involvement in Ecotourism: Experiences from the Third World[J]. Journal of Sustainable Tourism，2000，8(3):232-249.

[364] Schittone J. Tourism vs. Commercial Fishers: Development and Changing Use of Key West and Stock Island，Florida[J]. Ocean & Coastal Management，2001，44(1):15-37.

[365] Severt D E，Rompf P D. Consumers' Perceptions of Fairness and the Resultant Effect on Customer Satisfaction[J]. Journal of Hospitality & Leisure Marketing，2006，15(1):101-121.

[366] Shaw M E，Costanzo P R. Theories of Social Psychology[M]. New York: McGraw-Hill. ,1982.

[367] Shuhua R，Li W. An Economic Analysis on Tourist Industry of Zhoushan Islands[C]. Ji Nan: International Conference on Regional Management Science & Engineering，2010.

[368] Silva D M J. Social Capital and Mental Illness: A Systematic Review

[J]. Journal of Epidemiology & Community Health, 2005, 59(8): 619-627.

[369] Skarlicki D P, Folger R. Retaliation in the Workplace: The Roles of Distributive, Procedural, and Interactional Justice[J]. Journal of Applied Psychology, 1997, 82(3):434-443.

[370] Smith A K, Bolton R N, Wagner J. A Model of Customer Satisfaction with Service Encounters Involving Failure and Recovery[J]. Journal of Marketing Research, 1999, 36(3):356-372.

[371] Sofield T H B. Empowerment for Sustainable Tourism Development [M]. London:Pergamon Press, 2003.

[372] Stronza A, Gordillo J. Community Views of Ecotourism[J]. Annals of Tourism Research, 2008, 35(2):448-468.

[373] Strzelecka M, Boley B B, Strzelecka C. Empowerment and Resident Support for Tourism in Rural Central and Eastern Europe (CEE): The Case of Pomerania, Poland [J]. Journal of Sustainable Tourism, 2017, 25(4):554-572.

[374] Sutawa, Kade G. Issues on Bali Tourism Development and Community Empowerment to Support Sustainable Tourism Development [J]. Procedia Economics and Finance, 2012(4):413-422.

[375] Sweeney P D, Mcfarlin D B. Process and Outcome: Gender Differences in the Assessment of Justice[J]. Journal of Organizational Behavior, 1997, 18(1):83-98.

[376] Thibaut J W,Walker L. Procedural Justice: A Psychological Analysis. Hillsdale, NJ: Erlbaum,1975.

[377] Thompson B. Exploratory and Confirmatory Factor Analysis: Understanding Concepts and Applications[M]. Washington DC: American Psychological Association,2004.

[378] Tsunghung L. Influence Analysis of Community Resident Support for Sustainable Tourism Development[J]. Tourism Management, 2013,34(2):37-46.

[379] Turner J H. The Formation of Social Capital[M]// Dasgupta P,

Serageldin I. Social Capital: A Multifaceted Perspective Washington: World Bank Publications, 2001.

[380] Tye J N, Williams M W. Networks and Norms: Social Justice Lawyering and Social Capital in Post-Katrina New Orleans[J]. Harvard Civil Rights-Civil Liberties Law Review, 2009, 44(1):255-274.

[381] Tyler T R, Blader S L. The Group Engagement Model: Procedural Justice, Social Identity, and Cooperative Behavior[J]. Personality and Social Psychology Review, 2003, 7(4):349-361.

[382] Val M P D, LloydB. Measuring Empowerment. Leadership & Organization Development Journal, 2003,24(2):102-108.

[383] Van Galen J. A Studies in Empowerment[J]. Educational Foundations, 1992,6(3): 112.

[384] Wahba M A, Bridwell L G. Maslow reconsidered: A Review of Research on the Need Hierarchy Theory[J]. Academy of Management Annual Meeting Proceedings, 1976, 15(2):212-240.

[385] Weaver D. Indigenous Tourism Stages and Their Implications for Sustainability[J]. Journal of Sustainable Tourism, 2010, 18(1):43-60.

[386] Weiss D J. Factor Analysis and Counseling Research[J]. Journal of Counseling Psychology, 1970, 17(5):477-485.

[387] Wilkinson A. Empowerment: Theory and Practice[J]. Personnel Review, 1998, 27(1):40-56.

[388] Wilson J, Richards G. Social Capital, Cultural Festivals and Tourism in Catalunya[J]. Anuario Turismo Y Sociedad, 2005(4): 170-181.

[389] Woosnam K M, Norman W C, Ying T. Exploring the Theoretical Framework of Emotional Solidarity Between Residents and Tourists [J]. Journal of Travel Research, 2009, 48(2):245-258.

[390] Wu M, Huang X, Li C, et al. Perceived Interactional Justice and Trust-in-supervisor as Mediators for Paternalistic Leadership[J]. Management and Organization Review, 2012, 8(1):97-121.

[391] Wu X, Wang C. The Impact of Organizational Justice on

Employees' Pay Satisfaction, Work Attitudes and Performance in Chinese Hotels[J]. Journal of Human Resources in Hospitality & Tourism, 2008, 7(2):181-195.

[392] Zhao X, Lynch J, Chen Q. Reconsidering Baron and Kenny: Myths and Truths about Mediation Analysis[J]. Journal of Consumer Research, 2010, 37(2):197-206.

[393] Zimmerman M A. Taking Aim on Empowerment Research: On the Distinction Between Individual and Psychological Conceptions[J]. American Journal of Community Psychology,1990,18(1):169-177.

[394] Zimmerman M A. Psychological Empowerment: Issues and Illustrations[J]. American Journal of Community Psychology, 1995, 23 (5):581-599.

[395] Zimmerman M A. Empowerment Theory: Psychological, Organizational, and Community Levels of Analysis[C]//Rappaport E S. Handbook of Community Psychology Dordrecht, Netherlands: Kluwer Academic Publishers. 2000: 43-63.

[396] Zimmerman M A, Zahniser J H. Refinements of Sphere-specific Measures of Perceived Control: Development of a Sociopolitical Control Scale[J]. Journal of Community Psychology, 1991, 19(2): 189-204.

[397] Zoghbi-Manrique-de-Lara P, Suárez-Acosta M A, Arias-Febles J M. Guests' Perceptions of Hotels' (Un)Fair Treatment of Staff: Their Impact on Service Recovery[J]. European Journal of Tourism Research, 2014, 8:20-23.

附　　录

附录一　预测试调查问卷一

海岛社区旅游增权、公平感知、社会资本、支持态度调查问卷

您好,感谢您参与此项研究!我们想通过这份问卷了解当前舟山海岛社区居民的旅游增权、公平感知及居民对当地旅游发展的态度。调查数据仅为学术研究所用,所有数据问卷不记名,也不会向外界公布。请根据您的真实想法,在您认为符合您想法的选项上打"√"。您反映的真实想法和实际情况,将为本地旅游业的发展提供可靠的数据。再次感谢您的支持和配合!

第一部分:个人信息

1.您的性别:(1)男性　　　　　　　　(2)女性

2.您的年龄:(1)24 岁及以下　　　　　(2)25～44 岁
　　　　　　(3)45～64 岁　　　　　　(4)65 岁及以上

3.您的文化程度:(1)初中及以下　　　　(2)中专及高中
　　　　　　　　(3)大专/本科　　　　(4)研究生

4.您的月收入:(1)3000 元以下
　　　　　　　(2)3000～5000 元
　　　　　　　(3)5000 元以上

5.您所在的区域:(1)普陀山岛　　　　(2)朱家尖岛　　　(3)桃花岛

6.您是否参与或从事旅游业:(1)是　　　　(2)否

第二部分:社区旅游增权感知(对以下描述,请您在认可的选项上打"√")

旅游增权	非常不同意	不同意	一般	同意	非常同意
1.旅游业发展使我为自己是一名本地的村民而自豪	1	2	3	4	5
2.我感到这里很特别,能吸引游客	1	2	3	4	5
3.本地旅游的高知名度增强了我的自信	1	2	3	4	5
4.我想和游客分享本地独特的文化	1	2	3	4	5
5.旅游发展加深了我与村里其他人的关系	1	2	3	4	5
6.旅游发展增强了我的集体主义观念	1	2	3	4	5
7.旅游发展给我提供了参与集体事务的机会	1	2	3	4	5
8.本地旅游业发展给我提供了融入社区的途径	1	2	3	4	5
9.我可以参与本地有关旅游发展的方案制定	1	2	3	4	5
10.我有对本地旅游发展提意见的途径	1	2	3	4	5
11.我对本地的旅游发展有一定的发言权	1	2	3	4	5
12.我的意见对本地旅游的发展有影响	1	2	3	4	5
13.我收入的一部分来自本地旅游业发展	1	2	3	4	5
14.旅游的进一步发展将给我带来经济收益	1	2	3	4	5
15.我家的经济前景依赖本地旅游业的发展	1	2	3	4	5
16.本地旅游业发展提高了我的收入水平	1	2	3	4	5

第三部分:居民公平感知(对以下描述,请您在认可的选项上打 "√")

居民公平感知	非常不同意	不同意	一般	同意	非常同意
1.本村得到旅游开发合理的收益补偿	1	2	3	4	5
2.与当地其他村比,本村得到的旅游收益是合理的	1	2	3	4	5
3.本村居民旅游收益与其贡献相吻合	1	2	3	4	5
4.本村旅游收益分配方案符合大多数居民意愿	1	2	3	4	5
5.居民可通过正式渠道表达对收益分配问题的看法	1	2	3	4	5
6.对居民感觉有失公平的决定有正规的质疑程序	1	2	3	4	5
7.政府对损害居民权益行为的处理及时有效	1	2	3	4	5
8.本村居民能获得旅游发展决策的相关信息	1	2	3	4	5
9.政府工作人员或社区领导很关心我们的权利	1	2	3	4	5
10.政府工作人员尊重和重视居民反映的问题	1	2	3	4	5
11.政府及开发商与社区居民沟通顺畅	1	2	3	4	5
12.政府及开发商按时向居民公开景区运行和年度红利情况	1	2	3	4	5

第四部分:社区社会资本(对以下描述,请您在认可的选项上打"√")

社区社会资本	非常不同意	不同意	一般	同意	非常同意
1.我经常去拜访自己的家人或朋友	1	2	3	4	5
2.我们村民之间的关系融洽	1	2	3	4	5
3.当我或我的邻居遇到困难的时候,我们会相互帮助	1	2	3	4	5
4.我在本村之外有很多朋友	1	2	3	4	5
5.社区内居民诚实守信	1	2	3	4	5
6.社区内旅游企业值得信赖	1	2	3	4	5
7.社区内旅游管理部门值得信赖	1	2	3	4	5
8.社区内的朋友值得信赖	1	2	3	4	5
9.村民大多数都认同与遵守社区的规范制度	1	2	3	4	5
10 村民愿意为社区建设做出贡献	1	2	3	4	5
11.大多数村民认为志愿服务和慈善工作是光荣的	1	2	3	4	5
12.村民大都一起解决矛盾冲突	1	2	3	4	5

第五部分:旅游支持态度(对以下描述,请您在认可的选项上打"√")

旅游支持态度	非常不同意	不同意	一般	同意	非常同意
1.我非常欢迎旅游者来本地旅游	1	2	3	4	5
2.我很支持本地旅游进一步发展	1	2	3	4	5
3.我希望本地旅游业发展得更快一些	1	2	3	4	5
4.希望政府加大当地旅游宣传力度	1	2	3	4	5

附录二 预测试调查问卷二

海岛社区旅游增权、公平感知、社会资本、支持态度调查问卷

您好,感谢您参与此项研究！我们想通过这份问卷了解当前舟山海岛社区居民的旅游增权、公平感知及居民对当地旅游发展的态度。调查数据仅为学术研究所用,所有数据问卷不记名,也不会向外界公布。请根据您的真实想法,在您认为符合您想法的选项上打"√"。您反映的真实想法和实际情况,将为本地旅游业的发展提供可靠的数据。再次感谢您的支持和配合！

第一部分:个人信息

1. 您的性别:(1)男性　　　　　　　(2)女性
2. 您的年龄:(1)24 岁及以下　　　　(2)25～44 岁
　　　　　　(3)45～64 岁　　　　　(4)65 岁及以上
3. 您的文化程度:(1)初中及以下　　　(2)中专及高中
　　　　　　　　(3)大专/本科　　　(4)研究生
4. 您的月收入:(1)3000 元以下　　　　(2)3000～5000 元
　　　　　　　(3)5000 元以上
5. 您所在的区域:(1)普陀山岛　　　　(2)朱家尖岛　　　(3)桃花岛
6. 您是否参与或从事旅游业:(1)是　　　(2)否

第二部分：社区旅游增权感知（对以下描述，请您在认可的选项上打"√"）

旅游增权	非常不同意	不同意	一般	同意	非常同意
1.旅游业发展使我作为一名本地村民而自豪	1	2	3	4	5
2.因为许多游客来这里旅游，我感觉我们这里的风景很特别	1	2	3	4	5
3.我想告诉游客我们可以提供的旅游项目	1	2	3	4	5
4.我这里有一种独特的文化可与游客一起分享	1	2	3	4	5
5.我想为保持本地的独特性做一点工作	1	2	3	4	5
6.旅游业发展加强了我与社区的联系	1	2	3	4	5
7.旅游业发展培养了我的集体观念	1	2	3	4	5
8.旅游业发展给我提供了融入社区的途径	1	2	3	4	5
9.我对本地旅游业发展方面有一定的发言权	1	2	3	4	5
10.我可以参与本地旅游业的决策过程	1	2	3	4	5
11.我对本地旅游业发展有一定的表决权	1	2	3	4	5
12.我有对旅游业发展提意见的途径	1	2	3	4	5
13.本地旅游业发展提高了我的购买能力	1	2	3	4	5
14.我的一部分收入来自本地的旅游业	1	2	3	4	5
15.我可以从本地旅游业发展中获得更多经济收益	1	2	3	4	5
16.我家的经济前景依赖本地旅游业的发展	1	2	3	4	5

第三部分:居民公平感知(对以下描述,请您在认可的选项上打 "√")

居民公平感知	非常不同意	不同意	一般	同意	非常同意
1.社区的分配有章可循	1	2	3	4	5
2.社区的分配是公开的和透明的	1	2	3	4	5
3.社区的分配制度都能被很好地执行	1	2	3	4	5
4.我们社区能够参与分配制度的制定过程	1	2	3	4	5
5.社区所有人在分配制度面前都是平等的	1	2	3	4	5
6.我们社区的分配制度能够代表大多数人的意愿	1	2	3	4	5
7.旅游收益反映了我为旅游所做的努力	1	2	3	4	5
8.与其他村民相比,我的收入是合理的	1	2	3	4	5
9.我的旅游收入反映了我对旅游的贡献	1	2	3	4	5
10.与相同条件的村民比,我的收入是合理的	1	2	3	4	5
11.就我的付出和责任而言,我所得的报酬是合理的	1	2	3	4	5
12.就我的工作表现而言,我所得到的报酬是合理的	1	2	3	4	5
13.我反映的问题能够受到关注	1	2	3	4	5
14.他们为解决问题付出了适当的努力	1	2	3	4	5
15.他们与我的沟通是恰当的	1	2	3	4	5
16.他们对我是礼貌的	1	2	3	4	5

第四部分:社区社会资本(对以下描述,请您在认可的选项上打"√")

社区社会资本	非常不同意	不同意	一般	同意	非常同意
1. 人们在大街上经常问好并停下来和对方聊天	1	2	3	4	5
2. 这里的人值得信任	1	2	3	4	5
3. 我可以向邻居们寻求帮助或支持	1	2	3	4	5

第五部分:旅游支持态度(对以下描述,请您在认可的选项上打"√")

旅游支持态度	非常不同意	不同意	一般	同意	非常同意
1. 我认为这里应该积极鼓励旅游业发展	1	2	3	4	5
2. 我支持当地旅游业,并希望它持续地发展	1	2	3	4	5
3. 我们这里应该持续保持旅游目的地的地位	1	2	3	4	5
4. 当地应该支持对旅游业的宣传	1	2	3	4	5

附录三　正式调查问卷

海岛社区旅游增权、公平感知、社会资本、支持态度调查问卷

您好,感谢您参与此项研究! 我们想通过这份问卷了解当前舟山海岛社区居民的旅游增权、公平感知及居民对当地旅游发展的态度。调查数据仅为学术研究所用,所有数据问卷不记名,也不会向外界公布。请根据您的真实想法,在您认为符合您想法的选项上打"√"。您反映的真实想法和实际情况,将为本地旅游业的发展提供可靠的数据。再次感谢您的支持和配合!

第一部分:个人信息

1.您的性别:(1)男性　　　　　　　(2)女性

2.您的年龄:(1)24 岁及以下　　　　(2)25～44 岁
　　　　　　(3)45～64 岁　　　　　(4)65 岁及以上

3.您的文化程度:(1)初中及以下　　　(2)中专及高中
　　　　　　　　(3)大专/本科　　　(4)研究生

4.您的月收入:(1)3000 元以下　　　　(2)3000～5000 元
　　　　　　　(3)5000 元以上

5.您所在的区域:(1)普陀山岛　　　　(2)朱家尖岛　　　(3)桃花岛

6.您是否参与或从事旅游业:(1)是　　(2)否

第二部分:社区旅游增权感知(对以下描述,请您在认可的选项上打 "√")

旅游增权	非常不同意	不同意	一般	同意	非常同意
1.旅游业发展使我作为一名本地村民而感到自豪	1	2	3	4	5
2.因为许多游客来这里旅游,我感觉我们这里的风景很特别	1	2	3	4	5
3.我想告诉游客我们能提供哪些旅游项目	1	2	3	4	5
4.我想和游客分享本地独特的文化	1	2	3	4	5
5.我想为保持本地的独特性做一点工作	1	2	3	4	5
6.旅游业发展加强了我与社区的联系	1	2	3	4	5
7.旅游业发展培养了我的集体或合作观念	1	2	3	4	5
8.旅游业发展给我提供了融入社区的途径	1	2	3	4	5
9.我对本地旅游业发展有一定的发言权	1	2	3	4	5
10.我可以参与本地旅游业的决策过程	1	2	3	4	5
11.我对本地旅游业发展有一定的表决权	1	2	3	4	5
12.我有对旅游业发展提意见的途径	1	2	3	4	5
13.本地旅游业发展提高了我的消费(购买)能力	1	2	3	4	5
14.我的一部分收入来自本地的旅游业	1	2	3	4	5
15.我可以从本地旅游业发展中获得更多经济收益	1	2	3	4	5
16.我家的经济前景依赖本地旅游业的发展	1	2	3	4	5

第三部分:居民公平感知(对以下描述,请您在认可的选项上打 "√")

居民公平感知	非常不同意	不同意	一般	同意	非常同意
1.社区的分配有章可循(收益、收入、门票等)	1	2	3	4	5
2.社区的分配是公开的和透明的(收益、收入、门票等)	1	2	3	4	5
3.社区的分配制度都能得到很好的执行	1	2	3	4	5
4.我们社区能够参与分配制度的制定过程	1	2	3	4	5
5.社区所有人在分配制度面前都是平等的	1	2	3	4	5
6.我们社区的分配制度能够代表大多数人的意愿	1	2	3	4	5
7.旅游收益反映了我为旅游所做的努力	1	2	3	4	5
8.与其他村民的表现比,我的收入是合理的	1	2	3	4	5
9.我的旅游收入反映了我对旅游的贡献	1	2	3	4	5
10.与相同条件的村民比,我的收入是合理的	1	2	3	4	5
11.就我的付出和责任而言,我所得的报酬是合理的	1	2	3	4	5
12.就我的工作表现而言,我所得到的报酬是合理的	1	2	3	4	5
13.我反映的问题能够受到关注	1	2	3	4	5
14.他们为解决问题付出了适当的努力	1	2	3	4	5
15.他们与我的沟通是恰当的	1	2	3	4	5
16.他们对我是礼貌的	1	2	3	4	5

第四部分:社区社会资本(对以下描述,请您在认可的选项上打"√")

社区社会资本	非常不同意	不同意	一般	同意	非常同意
1.人们在大街上经常问好并停下来和对方聊天	1	2	3	4	5
2.这里的人值得信任	1	2	3	4	5
3.我可以向邻居们寻求帮助或支持	1	2	3	4	5

第五部分:旅游支持态度(对以下描述,请您在认可的选项上打"√")

旅游支持态度	非常不同意	不同意	一般	同意	非常同意
1.我认为这里应该积极鼓励旅游业发展	1	2	3	4	5
2.我支持当地旅游业,并希望它持续地发展	1	2	3	4	5
3.我们这里应该继续保持旅游目的地的地位	1	2	3	4	5
4.当地应该支持对旅游业的宣传与推广	1	2	3	4	5

附录四　访谈提纲

问题一:您参与了本地的旅游服务、经营或管理活动吗? 如果参与了,是通过什么途径参与的? 如果没有参与,是不想参与还是无法参与? 原因分别是什么?

问题二:作为社区的居民,您认为自己有参与旅游发展的权利吗? 为什么?

问题三:当地发展旅游业以来,给您个人的工作、生活、心理等方面带来了哪些影响和变化? 您怎么评价这些变化?

问题四:您感到当前的旅游发展是否公平? 如果公平,体现在哪些地方?

问题五:您认为当前旅游发展中是否存在不公平的现象? 什么原因导致了这些不公平现象的发生?

问题六:发展旅游前后邻里关系有什么变化? 是否存在矛盾?

问题七:您对当地政府机构或外来投资商的信任程度如何? 是否相信他们?

问题八:您对当前旅游发展现状是否满意? 您是否支持当地旅游发展?

后　记

　　在本书完成之际，心里多了些平静与坦然，当初那种思考的焦虑与困惑已烟消云散。痛苦煎熬后的顿悟，是何等愉悦与畅爽，那是灵魂在经过智慧之光普照之后的自我救赎、自我荡涤、自我突破与自我升华。对我而言，通过多年积累，能把对社区旅游的思考通过专著的形式呈现，是一种梦想，也是一种心灵的修行。

　　公平是人类追求的永恒主题。公平是历史的，不存在脱离社会生产力水平和当下物质条件的超现实公平。马克思说：关于永恒公平的观念不仅因时因地而变，甚至也因人而异。公平是相对的，具有一定的阶级特征与空间特征。不存在绝对的公平，只存在相对的公平。公平是具体和实在的，不仅仅是理论的探讨，更是理论的具体实践与落地执行。对于社区居民而言，感知到和享受到公平的成果才是真理。从战略层面来看，国家一直在倡导公平与效率的辩证统一，一直在倡导权为民所用、情为民所系、利为民所谋。但是，由于各种历史与现实条件的限制，在居民参与旅游的过程中，社区居民与拥有行政主导权的政府、资本主导权的企业相比，往往处于弱势与从属地位。从社会发展角度来看，公平性的矛盾是一直存在的，这也是推动社会公平性发展不可或缺的动力因素。矛盾并不可怕，关键是如何化解矛盾，如何在有限的空间内构建矛盾的协调与处理机制，维持相对的公平与正义。

　　我曾经以为在东部经济发达的海岛社区，因旅游而产生的社会矛盾会相对舒缓一些。但是，在经过象山中国渔村、舟山普陀山等滨海社区的旅游体验之后，其中的乱象彻底改变了我的认知。当时，我充满了困惑，经济发达地区的社区治理已经非常先进了，为何还是矛盾重重？经过长期的观察与思考，我发现，社区居民旅游权利感、公平感缺失，社区社会资本结构变迁是导致旅游社区矛盾产生的重要原因。于是，我想从社会学角度以增权、公平、社会资本理论为支撑，探讨海岛居民旅游支持态度的影响因素，并分析其内部作用机理，在理论上为解决旅游社区内部矛盾、促进社区和谐贡献一点点微薄之力。

本书撰写的过程并非一帆风顺,从选题、构思、写作、修改到书稿付梓,历时三年。其间遇到了理论性和技术性难题,后来经过努力均迎刃而解。在本书完成数据的采集和初步研究成果之后,申报了2020年度浙江省哲学社会科学规划课题(乡村旅游社区居民公平感知测度模型、影响效应及时空差异研究,20NDJC349YBM),后有幸得以立项,现以课题阶段性成果出版,实乃运气。但是,由于笔者学术功力肤浅,本书难免会有错误和缺点,有些观点未免有些偏颇和不切实际,恳请专家和读者批评指正。

在本书出版之际,我把此书献给我的家人。感谢家人的支持,他们无怨无悔的付出给了我在黑夜中前行的不竭动力与无尽勇气,他们的安慰与鼓励让我始终不忘父亲最初的叮咛,义无反顾地追求自己的初心;感谢我的儿子,他健康快乐地成长,给我带来了精神与心灵的慰藉。

最后,要感谢那些带我进入旅游行业并指导我前行的同人,特别感谢我的启蒙导师黄锦斌教授、硕士生导师王力峰教授、博士生导师李昕教授、行业导师王民宣、王西祺局长、伍鹏院长等,以及规划行业的其他同人,是他们让我在行业与职业的道路上越走越宽。这里一并感谢宁波大学李亮伟教授对本书初稿的修订。最后,感谢这个伟大的旅游时代,让拥有旅游战略策划思维的我有安身立命之所!

朱岚涛

2020 年 03 月于宁波华泰剑桥